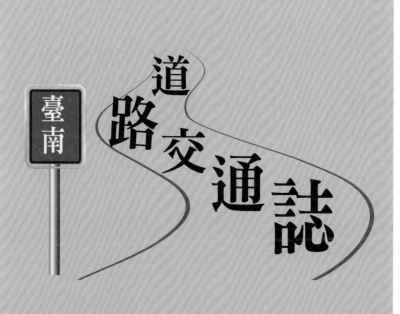

臺南 道路交通誌

曾國棟

坐擁臺南 400，展望府城未來！

　　1624 年荷蘭人渡洋來臺，在今日的安平古堡處建造「熱蘭遮城」，開啟臺南成為荷蘭東印度公司貿易航線中的重要據點。這不僅象徵大臺南走入世界舞臺，成為世界經濟體系的一環，來自不同族群的先人在這塊土地上互相影響、磨合，隨著時代更迭，累積出深厚的文化底蘊。

　　文化是一座城市的根基，自本人上任以來，便以「讓臺南躍升為文化科技首府」作為市政推動願景，企圖營造更多城市文化亮點，讓臺南活躍於世界舞臺之上。持續推動建構系統性的「臺南學」文化庫，乃是讓臺南文化紮根的重點工作之一。

　　以系統且多元性建構「臺南學」基礎文化庫為目標的《大臺南文化叢書系列》延續自《南瀛文化叢書》，數十年來蒐羅整理臺南在地人文史地、工藝文化、歲時禮俗、宗教信仰、常民生活等文獻資料，邀集各領域專家學者實地走訪，深入田野調查，展開研究計畫，透過梳理文化脈絡，將臺南文化的豐富性與多樣性詳實紀錄。即將於 2024 年底出版的《大臺南文化叢書》第 13 輯，延續第 12 輯以「臺南 400」主題發想，以「大臺南地區環境變遷」、「平埔原住民族」、「府城建築」、「交通網絡」、「城隍信仰」、「常民飲食文化」等六個面向，撰文《滄海桑田——大臺南兩大內海的環境變遷》、《穿越 400 年認識西拉雅族（文化篇）》、《府城住宅 400 年》、《臺南道路交通誌》、《爾來了——四百年來臺南城隍信仰的發展與變遷》、《臺南好食》等六本專書。試圖為臺南四百年來的珍貴文化資產留下文字紀錄，進而提升全民視野，紮根臺南，放眼世界。

回顧 2024 的大臺南，「臺南 400」紀念活動緊鑼密鼓地展開。率先由 2024 臺南燈會於年初揭開序幕，緊接著臺南國際音樂節、紅球行動、臺南文化創意博覽會、臺南設計展等。以「城市發展」、「慶典活動」、「民間響應」等三大主軸，透過各類型態的展演，邀集全民共同響應，這不僅是回顧先民走過的 400 年足跡，更要進一步展望未來，讓臺南繼續在世界舞臺發光發熱！

臺南市 市長

黃偉哲

精煉臺南，沉香百年！

　　臺南市政府文化局多年來持續投入「臺南學」系統基礎文化庫的建構，邀集各領域的專家學者，由各文化層面挑選研究議題，進行深度的在地文化調查、多方蒐羅爬梳文獻、展開研究撰寫計畫，以期在日益變遷的本土文化環境中，保存大臺南文化史料，留下珍貴的文化資產。

　　《大臺南文化叢書》延續《南瀛文化叢書》，已出版專書 87 冊。此叢書從不同視角論述、爬梳歷史，擺脫生硬的教條式書寫，實踐公眾歷史論述，重建地方社會與人群集體記憶，強調大眾史學的重要性。結合公眾之力，不斷挖掘，強化臺南文化的深度與廣度，精煉出獨一無二的臺南文化底蘊。

　　2024 年 11 月出版的《大臺南文化叢書》第 13 輯，特別邀請吳建昇、段洪坤、蔡侑樺、曾國棟、謝貴文、張耘書等六位老師執筆，以「滄海桑田」、「西拉雅族」、「府城建築」、「臺南道路交通」、「城隍信仰」、「常民飲食文化」等六個主題，重新梳理臺南四百年來之重要歷史脈絡與文化價值，並對臺南這座城市記憶、文化底蘊進行提取與轉化。

　　由吳建昇老師撰文的《滄海桑田——大臺南兩大內海的環境變遷》，嘗試以時間為縱軸，從歷史文獻或地圖資料，盤點臺南兩大內海在地理環境上的變化；段洪坤老師則透過《穿越 400 年認識西拉雅族（文化篇）》引領我們認識西拉雅族的社會與家庭制度、飲食、漁獵、信仰、服飾與歌舞文化等；臺灣因其特殊之地理條件與歷史發展，累積多樣的住宅文化，蔡侑樺老師以《府城住宅 400 年》為題，以留存

的宅第類「文化資產」為中心，帶領讀者認識 400 年來出現在「府城」及其周遭區域多樣的住宅文化；《臺南道路交通誌》由曾國棟老師執筆，論述臺南 400 年來的交通要道與先民生活概況；臺南是全臺城隍廟數量最多、歷史最久、類型最多元的地區，謝貴文老師的《爾來了——四百年來臺南城隍信仰的發展與變遷》，爬梳四百年來臺南城隍信仰的發展與變遷；民以食為天，臺南幅員遼闊，依山臨海，多樣的地理環境與宜人的氣候孕育了豐饒的物產，張耘書老師特地獻上《臺南好食》，從產地到餐桌，讓你細細品嘗一道道令人驚豔的臺南美食。

　　臺南歷史悠久、文化豐沛，具有不同於其他城市的獨特魅力與價值，在時代的演進，新舊文化的交融之下，創造出新型態的人文智慧城市，呈現全新的城市面貌與獨一無二的歷史價值，讓臺南豐厚的文化底蘊，越陳越香！

臺南市政府文化局 局長

Contents

目次

臺南道路
交通誌

前言

　　交通是人員和物品在不同地點之間交流運輸過程，涉及交通工具，如火車、汽車、摩托車、船、飛機等，以及相應基礎設施，如道路、鐵路、橋梁的使用。記憶中的牛車、輕便車、五分車、蒸汽火車，邁向現代里程的高速鐵路等，訴說著不同時期交通設施演變；重大道路的開通，代表經濟發展動脈，而無論時代如何演進，物資條件如何變遷，「路」，始終是人走出來的。

　　清代文獻《番社采風圖》描繪臺灣平埔族渡水工具，以木、竹排及腰舟為主。腰舟就是將較大的葫蘆，俗稱「匏仔」或「瓢瓜」繫於腰圍，或以手提，用為浮渡器材，[1] 呈現原住民渡溪方式，也是臺灣早期的交通文化。自 17 世紀以來漢人、日本人、歐美諸國外人，從臺灣島之外來到臺南，早期都以水路管道進臺南，各式船隻、竹筏是主要交通工具，並航行、停泊臺江內海。

　　從水路到臺南後，進出府城而有陸路交通，並發展出各種交通工具與設施，進入 20 世紀後，更有飛機以空運方式來到臺南。今日，進出臺南的交通有哪些呢？其一自行開車，臺南境內公路四通八達，南北向道路有國道 1、國道 3 號及快速公路 61 號貫穿，東西向則有國道

日治時期安平港／臺灣教育會編《臺灣寫真集》，1935。

今安平遊憩碼頭

8 號、快速公路 84 號、快速道路 86 號連接，形成縱貫臺南、山通大海的交通網。其二客運，搭乘客運可以輕易串聯西部各縣市，從臺北、到臺中，再到臺南，都有許多上下停靠站，經營臺南路線的客運業者家數多；臺市區路線的客運業者家數多，班次也密集，除主要的幹支線公車外，還有臺灣好行觀光公車、高鐵接駁車及市區公車等，極為便利。其三臺灣鐵路，臺南擁有便利的鐵路運輸系統，由南至北共有17 個停靠站，其中包括連接高鐵臺南站的沙崙支線，以及知名的永康站、保安站。其四高速鐵路，臺南高鐵站位於歸仁區，緊鄰臺鐵沙崙站，遊客可方便轉乘高鐵與臺鐵。其五航空，臺南機場建於日治時期，歷史相當悠久，坐落於臺南市南區與仁德區交界處，距臺南市中心約六公里。目前國內線以金門、澎湖（馬公）等離島為主，國際線則以香港、日本、越南航線為主，是臺灣南部重要聯外門戶。

　　走哪一種路徑、用何種交通工具進出臺南？是伴隨臺南 400 年歷史發展而改變，當中牽涉到國家政策、人力動員、財政預算、社會控制、天災地變等面向，所涉雖複雜多因，卻是與我們生活息息相關的課題，因此本書從陸路交通、水路交通、鐵路交通、航空交通、道路文化等5 個議題，就文獻史料的記載，輔以田野調查記錄，用以呈現臺南 400 年的交通生活風貌。

01

陸路交通

荷鄭時期道路

　　臺南境內道路的闢建，在荷蘭時期已具雛形，從 1644 年西門・雅各松・東肯斯（Symon Jacobsz Domchens）繪製的〈赤崁地區農地與道路圖〉，可以清楚看見當時荷蘭人在耕地間已開闢幾條筆直產業道路。當時墾地由赤崁向北可到鹽水溪南岸，東北到古大灣海峽的遺跡鯽魚潭，南到今二仁溪南北兩岸。赤崁往北的道路直通新港溪，往東北向的道路直抵鯽魚潭，由赤崁向東過了臺南臺地東緣可到今東區竹篙厝、仁德太子廟，由赤崁南下的道路，可能由赤崁向南到今日府前路一帶再向東走到東門圓環（山川

1644 年荷蘭農耕圖已可見當時耕地間的路徑 / 改繪自 1644 年〈赤崁地區農地與道路圖〉

臺）後沿今臺 1 線向東南過二仁溪。

根據《熱蘭遮城日誌》1644 年 3 月 20 日所載，「那 18 個已繳納稅課的村社的頭目，以及另外 4 個位於平地的村社和 7 個位於山區的村社的頭目，偕同代理地方官 Joost van Bergen 從陸路要來參加地方會議，已經快到了，應該今天傍晚會來到赤崁。」[2] 該則日記記載平埔部落頭目走陸路到赤崁參加該年 3 月 21 日的地方會議。

又據《巴達維亞城日記》1644 年 10 月 25 日所載，荷蘭第 8 任臺灣長官卡隆（Francois Caron）曾向巴達維亞回報農墾地道路不足的情形，所謂：「赤崁本年砂糖 301400 斤，蔗作及稻作情形良好。自去年以來，土地耕作顯見盛行，從而道路已無所用。」[3] 因此荷蘭人為此修造了一條由赤崁通往新港溪的筆直道路，道路長 1.25 荷里、寬 60 荷尺，且兩旁還有寬 3 荷呎的水溝，並派出 6 艘戎克船在魍港載運蚵殼，用以鋪設路面，這條蚵殼路尚有兩座拱橋，以便讓牛車及行人能夠順暢通行。[4]

從荷蘭時期的文獻與圖資可知，當時臺南地區有開闢道路可到達漢人聚落、平埔原住民部落，從臺南的赤崁到大目降（今新化）、目加溜灣（今善化）、蕭壠（今佳里）、哆囉嘓（今東山）等地，甚至可到更遠的諸羅山、打　社（位今嘉義民雄）、他里霧社（位今雲林斗南）、東螺社（位為今彰化北斗）也有道路可通達，唯當時的路況應是羊腸小徑。

及至鄭氏時期，為解決軍糧問題，命令部隊自行屯墾就地取糧，以承天府為中心南北向多處進行墾拓。據楊英《先王實錄》載：「左先鋒本北路新港仔、竹塹，以援剿後鎮、後衝鎮、智武鎮、英兵鎮、虎衛右鎮，繼本屯墾；以中衝、義武、左衝、前衝、游兵等鎮本南路鳳山、觀音山屯墾。頒發文武官、炤原給額各六個月俸役銀，付之開墾。」[5] 整體而言，由於赤崁農場區附近多為荷治時的「王田」、鄭氏時的「官田」，而東邊山區或土質磽瘠難墾，或因林木蓊鬱不易開拓，所以軍屯方向主要是由中心的府治，向北跨過了鹽水溪，進入鹽水、嘉義一帶，向南則延伸及於高雄鳳山地區，

北路之開闢又較南路為廣。濁水溪以北，因尚處瘴癘荒僻之地，且原住民亦採取敵對反抗的態勢，是以屯墾之營盤田，主要分布彰化、嘉義以南。荷蘭測量師梅氏（Philip Danielsz. May）曾在1661年6月中奉鄭成功之命，前往北路進行鄭軍屯地的土地測量工作，因此更能清楚掌握鄭成功時期開墾狀況。據其所記，鄭氏軍屯拓墾的土地僅在茅港尾（下營）、哆囉嘓（東山）、諸羅山（嘉義市）、他里霧（雲林斗南）、貓兒干（雲林崙背）、虎尾壠（雲林褒忠、虎尾）及二林（彰化二林）等地，都是臺江內海以北的地方；至於南路，從赤崁農業區開始至Lamaacka（楠仔坑）小溪，皆盡歸國姓爺所有（即為官田）。梅氏也提及：「我們很驚訝地看到那些異教徒的無理和勤勞，連接各村社，經常有人來回走動的鄉村道路也被栽種了，以致從普羅岷遮出發的整條道路，走不到50竿（約190公尺），可能還走不到20竿（約57公尺），就會遇見三四五或六個人或更多人，像其他貧窮的中國人那樣又推又拉地在耕種。」[6]

鄭氏時期移民墾殖更為擴大，造成府城附近交通量日增，前往各地的道路依其方向而有南、中、北路之別。北路交通線沿路會經過各平埔番社，可到達諸羅山社；中路交通線是從府城往東，最後可抵羅漢門一帶；南路則是繼續南下，通至今高雄左營。三條路線係以原荷屬東印度公司北中南三路周邊原民社群為點，向四方拓墾，而對應的交通工具，依舊是足履行走，牛車代步，這三條歷史古「路」的大小、型態及周邊環境在當時尚未有多大變化，惟漢人屯墾聚落增加。諸如二層行（今臺南市二行里）、康蓬林（今高雄市路竹區甲北里一甲聚落）、石井（今高雄市燕巢區深水里湖仔內聚落）、觀音山（今高雄市大社區神農里）等屯墾重鎮南北排成一線，以屯墾為中心的連線就成為二層行溪以南「南路」的雛形。[7]

荷蘭時期建造的橋梁

【磚仔橋】

磚仔橋街（今府前路與中正路間的永福路）與土墼埕（今煙波飯店、新天地一帶）有福安坑溪由東往西流經，所以自荷蘭時期就築有橋梁，砌磚和灰而成，堅固有如石頭，因係磚石舖設的橋梁而得名磚仔橋。乾隆 42 年（1777）臺灣知府蔣元樞重建改為木造

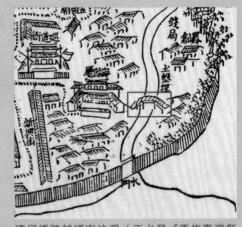

磚仔橋跨越福安坑溪／王必昌《重修臺灣縣志》。

橋，其後屢有修造，民國 48 年（1959）曾再次進行修建，易名為「南門橋」，直到民國 72 年（1983）南幹線排水溝（即福安坑溪）加蓋成為人行道而拆除南門橋的橋欄。

【烏鬼橋】

在臺南市永康區烏竹里，昔日是臺南府城往北官道途中，橫跨蔦松溪的木板橋，傳為荷蘭時代紅毛奴烏鬼所築而得名，並成為村庄聚落名稱，後人以「烏鬼橋」庄名不雅而改稱「烏水橋」。烏鬼橋遺跡在今庄廟三千宮廟前十字路口處，現在的「烏水橋」為近年所建。

烏鬼橋遺跡在三千宮廟前路口

清代官道

　　清代文獻中並不存在「縱貫道」這個名稱，頂多只是稱為「南北往來必由之路」，或稱府城以北為「北路」，以南為「南路」，或泛稱「大路」，這條大路以臺南府城為中心，往南連接到恆春墾丁一帶是「南路」，往北到臺北八里是「北路」，17世紀就形成的這條南北縱貫道路，其貫穿的村落與路徑，約略是現在省道臺一線前身。

　　所謂「官道」即是代表官府衙門大多都集中在這條道路沿線，沿線也有許多官兵駐守，從蔣元樞〈建設臺邑望樓圖〉即可清楚看到從府城小南門、大東門、大北門、小北門出的官道，以黃色標記，沿途有望樓、汛塘等官方設施。官道是當時人與牛車行走縱貫南北的主要道路。這條縱貫道路雖說是清代臺灣南北往來的主要道路，但其實路面幾乎就只是泥巴路、碎石路，很多時候其實跟田間小路沒什麼分別。清代在臺灣的統治機構，除了府、廳、縣、縣丞、巡檢等衙署外，還有綠營的汛、塘，以及傳遞文報的舖站。從以上這些官方建置的設置地點來分析，可以清楚地發現，幾乎所有的統治機關都是沿著特定幾條官道路線排列，特別是縱貫線。縱貫線不只是連貫臺灣府與各廳、

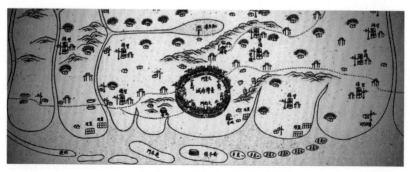

清乾隆年間府城各路官道／蔣元樞《重建臺郡各建築圖說》。

縣的唯一道路,而且也可以貫串綠營陸師的主要駐地。再者,從為數眾多的分防塘、汛來看,更加具體的呈現出官道和軍事布防之間唇齒相依的密切關係。更特別的是,在幾條官道路線中,縱貫線又是唯一始終節節設防、崗哨林立的戰略要道。最後,縱貫線又和政府文報的傳遞路線完全吻合。雖然各廳縣的舖站總數時常變更,站址也不時變動遷移,但都不出縱貫線之外。不管是文治還是武備,官方的統治力都是從縱貫線滲透臺灣南北,因此縱貫線真可說是清代臺灣的「統治之道」。[8]

南路官道

清領時期沿用明鄭時代的屯墾區派營兵駐守,從府城出發,「臺灣府出小南門五里至赤竹仔、五里至營盤仔、三里至二層行溪(鳳山界)、七里至大湖、十里至二濫、十里至阿公店、十里至小店塘(俗呼橋仔頭)、十里至楠仔坑、十里至大眾廟、十里入鳳山縣北門,計八十里。」[9]府城與鳳山縣治間的官道,從府城小南門出,一路往南沿途經過今臺南市南區大林、桶盤淺,到仁德區的二層行,過二層行溪

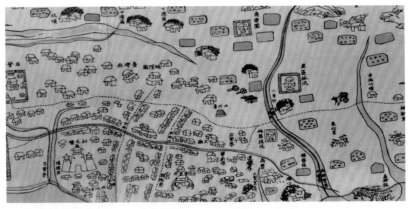

臺南境內清代南路官道/《康熙輿圖》,1720 年代。

二層行清王宮前道路為南路古道

即進入鳳山縣境大湖街（今湖內區），繼續往南經過今路竹區三爺里、橋頭、岡山、楠梓，由鳳山縣北門進入鳳山縣治（今左營區）。

　　經由康蓬林、石井、觀音山以至於鳳山縣城的南路官道儼然成形，而後幾經調整路徑，較為筆直的官道出現，新官道距離就屯墾區最近的地點成為重要的叉路口，逐間發展城市街；康蓬林通往官道的路口形成大湖街（今高雄市湖內），石井路口成為阿公店街（今高雄市岡山），觀音山路口成為楠梓街（今高雄市楠梓）。[10] 這一條從府城小南門出，過二層行經阿公店、楠仔坑、鳳山縣城（今高雄市左營）、赤山仔（今高雄市楠梓）、下埤頭（今高雄市鳳山）、竹橋莊（今高雄市大寮）、赤山（今屏東新園鯉魚山）、下淡水溪（今高屏溪），上淡水社（今屏東萬丹）、下淡水社（今屏東縣新園），力力社（今屏東縣崁頂）、茄藤社（今屏東縣佳冬、南州一帶）、放索社（今屏東

縣林邊）、大崑麓（今屏東縣枋寮）、琅嶠（今屏東縣恒春），沙馬磯頭（今恒春半島尾端）的南路官道在 17 世紀末就完全底定，一直沿用到日本統治臺灣，甚至延續到現在。

北路官道

清代臺灣府城北上經諸羅縣到彰化縣的北路官道路線有 3 條，分別是中大路、東大路以及海邊至彰化路。

中大路由府城小東門出（在成大光復校區），經大橋（在永康區西橋里）、蔦松（在永康區蔦松里）、大洲（新市區大洲里）、木柵（新市區豐華里）、加溜灣溪（善化區溪美里）、磚仔井（今麻豆區

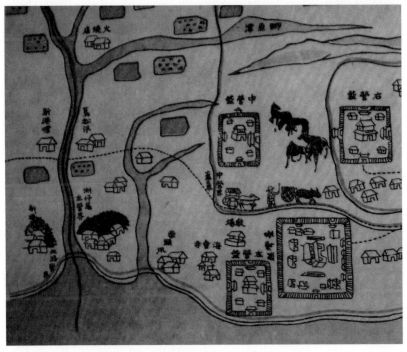

臺南境內清代北路官道／《康熙輿圖》，1720 年代。

三崁店為北路官道沿途聚落

三崁店庄廟保靈宮

磚井里）、後牛稠（今麻豆區南勢里）、茅港尾（今下營區茅港里）、
鐵線橋（在新營區鐵線里）接今臺1省道北上至下茄苳（在後壁區嘉
冬里）、水窟頭（今嘉義縣水上鄉水頭村）到嘉義縣城。[11]

　　東大路由府城大北門出（公園路），經洲仔尾（永康區鹽洲里）、
灣裏（今善化區東關里），即臺1省道，而後接縣道165線進入烏山
頭（官田區湖山里）。從烏山頭經六甲（六甲區六甲里）、果毅後（柳營
區果毅里）進入東山區的東河里、東中里到東山里，北上進入白河區
大排竹（今白河區大竹里）、馬稠後（今白河區甘宅里）到嘉義縣城。[12]

　　臺南沿海至彰化路，由中大路的鐵線橋、五間厝（新營區五興里）、
太子宮（新營區太北里往北走今縣道173線）、鹽水港（今鹽水區橋

南里、水正里）、洴水港（今鹽水區洴水里）、義竹、笨港、鹿港到彰化縣治。[13]

官道上的歷史場景

郁永河採硫磺路徑

　　清康熙 36 年（1697）郁永河奉命赴臺採集硫磺，經 2 年時間，將其在臺採硫行旅親身經歷紀錄而成《裨海紀遊》一書；該書詳細紀實臺灣西南部已開化原住民與中北部尚未開化番社的所見所聞。在《裨海紀遊》可清楚發現，「北路」的發展，17 世紀仍著重在府城到諸羅路段，直到 19 世紀，臺灣首府北移後，才開始注重從北往南全路段貫通建設；也讓我們看到郁永河而從郡城到諸羅的這段歷史場景。

　　是日過大洲溪，歷新港社、嘉溜（音葛辣）灣社、麻豆社，雖皆番居，然嘉木陰森，屋宇完潔，不減內地村落。……余曰：「孰謂番人陋？人言寧足信乎？」顧君曰：「新港、嘉溜灣、毆王、麻豆，於偽鄭時為四大社，令其子弟能就鄉塾讀書者，蠲其徭役，以漸化之。四社番亦知勤稼穡，務蓄積，比戶殷富；又近郡治，習見城市居處禮讓，故其俗於諸社為優。毆王近海，不當孔道，尤富庶，惜不得見，過此恐日遠日陋矣」。然觀四社男婦，被髮不褌，猶沿舊習，殊可鄙。自麻豆易車，應至倒咯（音洛）國；番人不解從者語，見營官中途為余治餐，意余必適彼，為御至佳里興，至則二鼓矣。問孰為宿處，則營中也。無已，乃之守戎趙君所。趙君名振，天雄人，孝廉，與余友侯君敬止善，談次及天雄、平干、鄴下、汴臺諸故人，皆能了了，蓋皆三十年事矣。聞漏下三十刻，乃就寢。初八日，仍馭原車，返麻豆社，易車渡茅港尾溪、鐵線橋溪。至倒咯國社，日已近暮。憶王君此時，乘南風，駕巨艦，瞬息千里，余至則後矣；乃乘夜渡急水、八掌等溪。[14]

新市大洲是官道北路沿途聚落

大洲庄廟保安宮

　　郁永河，字滄浪，清浙江仁和（今杭州）縣人，為仁和縣諸生，因「性耽遠遊，不避阻險」，曾遊歷四方。康熙30年（1691），在福建省擔任幕僚職務。康熙35年（1696）冬，福州火藥庫因爆炸損失慘重，清廷聞知臺灣北部盛產硫磺可供煉製火藥，於是派人前往採硫磺。當時，身為幕客的郁永河接下此任務前往臺灣，成為他日後撰述《採硫日記》重要機緣。康熙36年（1697）農曆4月初7日自府城出發，隨行者凡55人，他乘著牛車經過新港社、嘉溜灣社和麻豆社，見識到府城附近土著聚落的改變，文中提到之大洲溪就是今新市區大洲，是北路官道中大路線的聚落。

塭岸橋蔣公堤

北路官道之洲仔尾「道諸、彰二邑者，必經於是，固北路之衝衢也。地洿下，經三里許，坍圮多流潦。春夏之交，霖雨泛溢，積淖奔谿，往來病涉。附近居民設竹筏以濟，因挾以為利，行旅尤艱之。」[15]臺灣知府蔣允焄於乾隆 31 年（1766）就地勢高低修築長堤與橋梁，使往來行人得以如履康莊大道。

其後，蔣允焄於乾隆 36 年（1771）升任福建分巡臺灣兵備道，抵臺之日，見堤岸坍塌，橋梁損壞，無有修者，乃復捐俸重修，派委朱登、陳朝梁等 16 人管工督造；堤岸增高 5 尺，面加廣 1 丈；添造木橋 16 座，開渠疏流入海。蔣允焄修造堤橋以利全臺南北往來行旅，咸稱此「蔣公堤」足以媲美杭州西湖上蘇東坡所建「蘇公堤」，並在乾隆 36 年（1771）題立「蔣公堤功德碑記」，用以稱頌其德政，並誌不朽。

蔣允焄將其在臺灣的建設編製成《東瀛紀典》一書，內含 18 幅圖及 16 篇碑文，其中〈塭岸橋圖〉展現塭岸上、橋上、路邊的旅店有各式行旅，有人走路，有人乘

蔣公堤德政碑，現存立南良集團總部旁五榕園

臺灣兵備道蔣允焄像

轎，旅店外的馬匹則暗示店裡喝茶的人是騎馬。畫面中總共 11 人，每個裝束、姿態、動作皆不同，有老有少，呈現洲仔尾塭岸橋一帶文北路往來要衝、交通活絡的景象。[16]

古香路鐵線橋

　　鐵線橋係跨越鐵線橋港（倒風港三汊港之一，另外二港為茅港尾港及麻豆港）所建造的橋梁，與茅港尾橋皆是北路官道必經道路，鐵線橋更是中路與沿海線的匯集點。據康熙 56 年（1717）《諸羅縣志》所載：「鐵線橋、茅港尾橋俱屬開化里。二橋各為一港，相去十里，為縣治往郡必由之路。舊時冬春架竹為之，上覆以土；夏秋水漲漂去，設渡以濟行人。五十五年，知縣周鍾瑄各建木橋；監生陳仕俊自捐銀五十兩募眾捐資以助，兼董其事。堅緻牢實，四時皆無病涉矣。」[17] 今臺南市下營區茅港尾天后宮所留存清康熙 57 年（1718）〈重建茅港尾橋鐵線橋碑記〉亦曰：「臺陽北畝，地有二處，因茅港尾鐵線橋廛閭鱗次，商旅輻輳；而衣帶盈盈，眾苦無橋。……郡人太學陳仕俊，義俠好施，商其事於邑侯。……於是相而地利，募而民番，伐木於山，輦運砌築。經始於三月初六日，數閱月而橋告成，計費六百餘金。」[18] 早期的茅港尾橋與鐵線橋係由地方里民以竹架橋，然因須年年費工修築，殊為不便，故周鍾瑄發起改建為木橋。據此可知，「鐵線橋」並非鐵索橋之類的橋梁，而是竹橋或木橋。

　　由於鐵線橋是交通要道，可是一逢雨水季即漂毀，所以清朝統治臺灣期間，鐵線橋屢經修建。康熙 54 年到 57 年（1715-1718）任臺灣道的梁文科，即因該地橋梁屢次遭大水沖毀，而且經常是鐵線橋以北大雨滂沱，橋南則無一滴，故改名為「通濟橋」，以期南北往來交通能通達順暢；但爾後的相關志書及山川圖，仍然沿用記為「鐵線橋」。[19]

　　康熙 55 年（1516）紳民將鐵線橋改建為木橋，雖是「堅緻牢實，四時皆無病涉」，但一遇雨季，依舊漂沒毀壞，蕩然無存；時而為木橋，時而為竹橋。乾隆 27 年（1762）貢生翁雲寬等重建，擴大加高橋梁的規模，以使橋梁更為穩固。[20] 迨至乾隆 30 年（1765）夏季，一場大雨又將橋梁漂流殆盡，地方仕紳蔡珍、宋大業等募捐重建，歷經月餘而

康熙年間鐵線橋位置圖／周鍾瑄《諸羅縣志》

乾隆 31 年（1766）再重修鐵線
橋碑記

臺南市定古蹟鐵線橋通濟宮

25

竣工。重建完工後的隔年秋天，又因洪水橫流而遭沖毀無存，蔡珍等再次募捐重修。[21]

　　清中葉以後，急水溪主流改道，鐵線橋成為跨越急水溪的橋梁，由於急水溪水流湍急，所以鐵線橋更是逢壞即修，屢修屢廢。咸豐年間劉家謀在其《觀海集》曰：「橋南望橋北，鐵線一條橫。郎休過橋去，過去總無晴。」[22]即描述鐵線橋南、北氣候多變化的情形，呈現鐵線橋庄特殊的地文景觀。

　　日治以後，因港道日漸淤積，且鐵、公路皆經由新營街，鐵線橋庄已非南北往來必經路途，鐵線橋漸漸失去其重要性。當地住民主要以竹筏渡溪，而不再修建牢固的橋梁，僅在冬春之際架設簡單竹橋以渡，故今雖有「鐵線橋」的名稱，卻不見任何橋梁遺跡。直至民國八十年代跨越急水溪的「中港橋」完工後，居民始得以免除溪渡的困擾，由中港橋取代昔日鐵線橋的功能。

　　鐵線橋通濟宮主祀天上聖母，創立於乾隆年間。昔日北港朝天宮往臺南大天后宮進時，朴子配天宮、鐵線橋通濟宮與茅港尾天后宮皆是香路所經的媽祖廟，鐵線橋庄因地處臺灣南北往來的要道，故朝天宮媽祖必駐駕鐵線橋通濟宮。

鹽水橋南老街

　　鹽區橋南街以位於興隆橋南邊的街道而得名，當地居民也稱過橋街。鹽水河港興盛時期的商業中心在碼頭附近的媽祖宮街，「北岸從媽祖宮街至藏興街，南岸從橋南街至觀音亭之間」為市集之地。[23]可知橋南街因位在鹽水港碼頭南

日治時橋南街位置圖／富田芳郎《臺灣鄉鎮地理學的研究》，1954。

鹽水橋南老街

岸，係商船停泊之處，由大陸或臺灣西部沿岸各港口來的船隻在此卸下布匹、瓷器、菸草、木材、藥材物品等，同時又裝載米、糖等產物返航，故商店行號集中；兼以橋南街南端的南門是鹽水港南向的進出要道，橋南街成為商旅往來的主要道路，益加促進商業的發展；所以橋南街於清代與媽祖宮街、藏興街同為鹽水港最早形成的商業街道。

　　橋南街因古時對外貿易的港埠及對內的南北交通要道上，形成一條傳統街區。二戰後，橋南街的街道結構及景觀大致維持舊貌。近年來部分屋宅或因原屋主相繼外移，空屋乏人管理而荒廢傾塌；或因年久毀壞屋主拆除改建新屋，所以街屋景觀已略有變動。

原民傳報遞情

　　清代於南北路官道設鋪站，以鋪兵傳遞文書，但實際負責傳遞公文者乃名為「咬訂」、「貓踏」、「貓鄰」的平埔族各社番，他們頭戴雉尾，肘掛薩鼓宜，遇水攜葫蘆渡溪，因此鋪站常位於平埔族部落或附近。在《諸羅縣志》裏生動地記錄他們傳遞公文的情形：

北頭洋文化園區之飛番像

　　室中壺盧，纍纍以百十許，多為富。大者容二斗。嫩時，味苦不可食。俟堅老，截頂出瓤，選其小而底相配者製為蓋，澤以鹿脂，摩娑既久，瑩赤如漆。番人於于役，用裝行李，雨行不濡。傳遞公文，遇大水，取置其中，戴於首而渡。[24]

　　同書又說：

　　縣治以南，聽差者曰「咬訂」；諸羅山、打貓各社，謂之「貓踏」。約十二、三歲外，凡未室者充之；立稍長為首，聽通事差撥。夜則環宿公廨，架木左右為床，無帷帳被褥，笑歌跳擲達旦，斗六門以北曰「貓鄰」。……

　　遞公文悉用咬訂、貓踏、貓鄰。插雉尾於首，肘懸薩豉宜，結

草雙垂如帶，飄颻自喜；沙起風飛，薩豉宜叮噹遠聞，瞬息間，已十數里。[25]

擔任「咬訂」、「貓踏」、「貓鄰」的平埔族多為未婚的「麻達」，年輕力壯的麻達，身手敏捷，行走快速，所以在以步遞為主的郵傳系統，成為傳遞公文主力。傳遞公文實為苦差事的勞役，若有延遲沉匿，即遭有司責罰。在哆囉嘓社傳唱的歌謠〈哆囉嘓社麻達遞送公文歌〉：「喝唭蘇力（我遞公文），麻什速唭什速（須當緊到）；沙迷其呵奄（走如飛鳥），因忍其描林（不敢失落）；因那唭嗛包通事唭洪喝（若有遲誤，便為通事所罰）。」[26]充分展現平埔族傳遞公文負責盡職的精神，同時也流露戒慎恐懼的無奈心酸。

二層行溪義渡

大溪巨流不易架設橋梁，橋梁常常被溪流沖毀，所以早期臺灣南北往來大都仰賴舟筏過渡。「曾文溪、二層行溪、許縣溪皆縱流於臺南境內東西，欲縱貫道路不得不橫切溪流。然曾文溪、二層行溪溪門幅三四丁，每年際雨期，水勢如萬馬奔馳，濁水泛濫，河堤衝壞，浸漬田園，漂流植物者，往往時有。欲防之則費用甚巨，該地居民不堪負擔，縱架設橋梁，若被流失則修費從何處支出。故鐵道線路之鐵橋而外，無別架木橋；凡交通頻繁之箇所，皆設渡船以濟之。」[27]

清領初期臺灣已有津渡的設置，津渡有官渡、民渡之分。清康熙59年（1738）陳文達在《臺灣縣志》〈建置志〉記錄當時的津渡有「大井頭渡，在西定坊，水程六、七里，過渡即為安平鎮。二贊行渡，在文賢里，夏秋小船濟人，春冬則架橋，橋南屬鳳山縣界。岡山溪渡，在崇德里，竹筏濟人。」[28]二贊行渡（二層行渡）在文賢里，兩岸渡頭為二層行庄（今臺南市仁德區二行里）與太爺庄（今高雄市湖內區太

爺里），岡山溪渡在今高雄市田寮區，是清康熙年間臺灣縣崇德里的
津渡。二贊行渡與岡山溪渡皆為清康熙年間在二層行溪已設置的官渡，
及至嘉慶年間在二層行溪尾又有白沙墩渡，[29] 在今臺南市南區灣裡與高
雄市茄萣區白沙崙之間。

官渡之外，在二層行溪也有民渡的設置，盧德嘉《鳳山縣采訪冊》
記錄在二層行溪的民渡有「葉厝甲渡（文賢），在岡山溪尾，縣西北
六十七里，文賢往郡小路經此，渡錢二文（北屬安平縣界）。竹仔湖
渡（長治），在岡山溪（二層行渡之東），縣北六十二里，大湖往中
洲經此，渡錢二文（北屬安平縣界）。」[30] 葉厝甲地近二層行溪，現為
高雄市湖內區葉厝里，清末圍仔內（湖內區文賢里）、海埔（湖內區
海埔里）一帶的居民，經常由葉厝甲渡二層行溪前往臺南府城，因而
形成渡口，名為葉厝甲渡，也是濱海各庄往來府城的捷徑。竹仔湖為
二層行溪南岸的聚落，在今高雄市湖內區田尾里，昔日大湖街經田尾
有路可通依仁里中洲（仁德區中洲里），中洲與大湖間隔著二層行溪，
民間設竹仔湖渡以竹筏渡人，收取二文錢渡資。

官渡不僅有渡稅之徵，而且弊端叢生，造成民眾不便，於是在清
乾隆 3 年（1738）廢除臺灣渡稅；[31] 至於民渡則有勒索之弊，盧德嘉在
〈義渡論〉對於渡頭筏夫的惡行惡狀有著生動具體的描述：「溪邊舟子，
編竹筏以待人，載至中流，始需渡價，多方勒索，有勒至數金者，貪
得無厭。甚而擠人於水，有擠下孤客，任急流滾出外海而坐視不救者；
橫取衣物，大則隕命，小則傷財。狼子野心，實堪切齒。」[32] 渡頭的筏
夫每藉擺渡肆意向渡船民眾威迫，需索無度，以致往來受阻，因而有
「義渡」的設置，並勒碑示禁以為昭告。二層行溪在夏秋雨季溪水豐
沛期間，仰賴津渡以竹筏往來兩岸間，然而渡夫及港戶（渡船及竹筏
業者）常假借「築水撐筏」向地方紳民勒索，經臺邑總董蔡日新向臺
灣知府汪楠陳情，生員林正春等人也向臺灣道靡奇瑜陳訴渡夫惡狀，

所以清嘉慶 19 年（1814）臺灣知府汪楠核准二層行地方紳民設置義渡，聘渡夫渡濟行旅，並頒立告示避免筏夫藉端滋事。[33] 迨至清末，據蔣師轍在光緒 18 年（1892）《臺游日記》的描述：「二層行溪，溪常涸，惟大雨可渡竹筏。」[34] 日人領臺初期除縱貫鐵路二層行橋外，二層行溪兩岸的往來，在雨季還可渡竹筏，溪水乾涸期間則涉溪而行，所以明治 38 年（1905）〈日治二萬分之一臺灣堡圖〉的標註，二層行與太爺間的道路並無架橋，而是以竹筏接駁。

綜合上述，清領時期在二層行溪的津渡有二層行渡、岡山溪渡、白沙墩渡、葉厝甲渡、竹仔湖渡、二層行溪義渡。在縱貫道路二層橋還未建造之前，南路官道二層行與太爺間的聯絡主要以竹筏作為渡溪的交通工具。

表 1：清代二層行溪的津渡

津渡名稱	設立時間	溪流	現今位置	類型
岡山溪渡	清康熙年間	岡山溪，二層行溪中游稱岡山溪	高雄市田寮區西德里	官渡
二層行渡	清康熙年間	二層行溪	臺南市仁德區二行里與高雄市湖內區太爺里之間	官渡
白沙墩渡	清嘉慶年間	二層行溪	臺南市南區灣裡與高雄市茄萣區白沙崙之間	官渡
竹仔湖渡	清嘉慶年間	岡山溪	臺南市仁德區中洲里與高雄市湖內區田尾里與之間	民渡
二層行渡	清嘉慶 19 年	二層行溪	臺南市仁德區二行里與高雄市湖內區太爺里之間	義渡
葉厝甲渡	清嘉慶年間	二層行溪	仁德區大甲里港崎頭與高雄市湖內區葉厝里與之間	民渡

臺灣早期以竹筏作為渡溪的交通工具 / 勝山吉作《臺灣紹介最新寫真集》，1931。

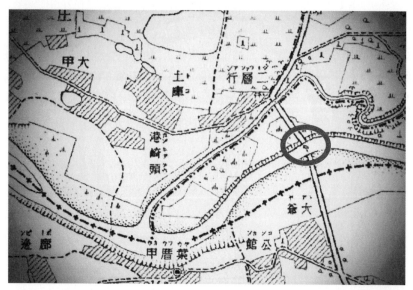

1905 年〈日治二萬分之一臺灣堡圖〉所標記二層行溪的竹筏 / 臺灣百年歷史地圖。

二層行橋

稽徵清代志書文獻，清領時期在二層行溪中下游架設的橋梁有岡山溪橋、二橋仔橋、二層行橋、大甲橋。

岡山溪橋在嘉祥里（今高雄市阿蓮區），康熙年間已架設，編竹覆土，輿馬可通，及至清末光緒年間已廢不存。[35]

二橋仔橋屬長治里，「架竹為橋，可通車馬。夏秋間，溪水漲滿衝去，以竹筏濟人。九月，則仍架橋以通車馬。」[36] 二橋仔在今臺南市仁德區中生里，昔日為中洲聚落的一部分，康熙年間地方居民在二橋仔架竹為橋已通往二層行溪南岸的大湖。

大甲橋在依仁里，「居民於冬天之候，以草、竹、木柱砌成；大雨至，則漂去。康熙三十一年，南路參將吳三錫捐建枋橋，往來便之。然夏秋之際，仍舊漂去；冬重修焉。」[37] 大甲在今臺南市仁德區大甲里，位居二層行溪北岸，清領初期地方居民即以草、竹、木架設橋梁以通往湖內，後因大雨溪水暴漲沖毀橋梁，清康熙 31 年（1692）臺灣南路營參將吳三錫捐俸修建，但一到雨季橋梁仍舊被沖毀，而後在冬季溪水乾涸期間再修造橋梁以利南來北往。

二層行橋，志書文獻也記為二贊行橋，因以竹架橋，又稱為二層竹橋。[38] 根據清康熙 28 年（1689）蔣毓英《臺灣府志》記載：「二贊行橋，在文賢里。」[39] 可知，清領初期已修造二層行橋，由於二層行溪的溪流水急且架木為橋，其後橋梁被溪水沖毀，清康熙 31 年（1692）臺灣南路營參將吳三錫修建二層行橋，以利南北兩岸往來，但一到雨季又被溪水沖毀。所以「春冬之間，里眾架巨竹，藉草覆土，可通車馬。夏秋水漲，則濟以舟。今設小艇，繫藤於兩岸，往來之人，自扯以渡。」[40] 又，清康熙 59 年（1700）陳文達《鳳山縣志》：「二贊行橋，屬長治里，橋北屬臺灣界。架竹為之，上覆以土，可通車馬。夏秋之間，溪水漲滿衝去，以小船濟人九月間，復架橋焉。」[41] 此後臺灣府縣及鳳山縣志記載內容

大致相同。可知，早期二層行橋在春冬枯水期間，地方民眾架設竹排，上鋪草覆土作為簡易橋梁，可供行人及車馬；等到夏秋雨季溪水上漲則改設津渡以竹筏或小舟往來兩岸間。

二層行是明鄭時期萬年縣治所在，更是清領時期府城與鳳山縣治（林爽文事件前設於今左營，事件後縣治遷移到今鳳山區）南路官道的要津，因此二層行橋是最早架設在二層行溪的橋梁，是清代南路官道往來要津，更是日治公路橋未建之前聯絡二層行溪兩岸的主要橋梁設施。

以巨竹架設的二層行橋，可說是二層行溪舊公路橋的前身。清代南臺灣平原地區廣為使用這種「編竹覆土」簡陋橋梁，因為南臺灣旱季與雨季的區別顯著，在冬、春旱季時許多河流乾枯道幾可見底，所以在雨季結束後，地方官員或居民便會架設竹木橋，以免行人涉水之苦。這種簡易的竹橋，一旦下大雨便會被暴漲溪水沖毀，南臺灣冬、春之際很少下大雨，所以竹橋的壽命通常可以維持到下年度雨季來臨。日治時期雖已開始建造鋼筋混凝土橋梁，在二層行溪下游灣裡與白沙崙之間仍使用竹筏橋，據《臺南新報》報導：「灣裡白沙崙間二層行橋之架橋，則繫以竹筏，其上張木板，平時自動車可通行，出水時由

表 2：清代二層行溪的橋梁

橋梁名稱	設立時間	溪流	現今位置
岡山溪橋	清康熙年間	岡山溪，二層行溪中游稱岡山溪	高雄市阿蓮區阿蓮里
二橋仔橋	清康熙年間	二層行溪	臺南市仁德區中生里二橋仔
二層行橋	清康熙 28 年之前	二層行溪	臺南市仁德區二行里與高雄市湖內區太爺里之間
葉厝甲渡	清康熙 28 年之前	二層行溪	仁德區大甲里港崎頭與高雄市湖內區葉厝里與之間

大雨過後的二仁溪

二層行溪的竹筏橋為
日治時期連接灣裡與
白沙崙的的橋梁／《臺
南新報》，1935 年 10
月 27 日，2 版。

中央分為兩半，繫於岸上以防流失。」[42] 直到民國 52 年（1963）9 月
南定橋（後改稱南茳橋）通車才撤除。

南門城外的官道景觀

　　南山公墓內竹溪蜿蜒曲流，符合形家所謂的風水吉穴，成為歷來
府城及附近民眾往生安厝之地。直到清末臺灣府成大南門外的各砂丘
之上及竹溪兩旁幾乎是墳塋纍纍。清末任職安平海關的蘇格蘭人必麒
麟（William Alexander Pickering）在其著作《發現老臺灣》指出：「一
出南門，可以看見佔地廣大的墓地，白色的墓碑悲悽的在荒沙漫野中

閃爍著。」[43] 又，任美國駐廈門領事的李仙得（Charles W. Le Gendre）在其《臺灣紀行》一書中，對於大南門外的景觀也留下生動紀錄：

大南門外是個極大的墳場，多半建在一系列土塚的坡面上，且延伸入鄉間 1 英里半（約 2.5 公里）多。從打狗與舊城而來的其中一條路穿過由這些土塚形成的狹丘壑。黃昏時走向那城市時，當你穿過那死陰的幽谷，進入那人間的歡樂且生氣蓬勃的城市前，那種感覺實難以描述。尤其是當那些氣體燃燒，產生發白的藍色火焰，有時，在夏季暖和的傍晚，從墳場洩出，在空氣裡晃來晃去，讓此地產生一股悲哀又神祕的氣氛。這是在歐洲或美洲的同類地方，鮮少會體驗到的。[44]

大南門城內「歡樂蓬勃」與城外「死陰幽谷」的情景，儼然是兩種不同世界，城外歷年久遠，丘塚累塞，墳塋魚鱗疊層，成為昔日南路官道特殊人文地景。

臺灣府城大南門／山本三生《日本地理風俗大系・臺灣篇》，1931。

清領時期出了大南門就是墳場

乙未日軍進臺南城路徑

清光緒 21 年（1895）10 月 19 日上午由乃木希典中將率領的第二師團前進至二層行溪，隔著河流猛烈攻擊義軍，雙方展開激烈交戰。上午 10 點，日軍兩個中隊渡過二層行溪，砲兵也在岸邊佈列砲陣射擊義軍，最後義軍不堪日軍攻擊，往臺南方向潰走，在這場戰役中約有 40 餘人死亡，屍體橫陳路旁，慘不忍睹。

巴克禮牧師／井川直衛《バアクレイ博士の面影》，1936。

10 月 19 日第二師團進駐二層行之後，偵察附近地勢，擬定作戰方略，準備於 23 日齊集部隊圍攻臺南城。當晚，時任臺灣民主國大總統的劉永福與其子劉成良搭乘英國汽船「爹利士號」前往廈門，臺南府城居民陷於恐慌之中。

10 月 20 日正當日軍忙於各項攻擊準備時，臺南紳商因為恐懼，懇求宋忠堅牧師（Duncan Ferguson）及巴克禮牧師（Thomas Barclay）與日軍進行交涉。10 月 21 凌晨 1 時，巴克禮、宋忠堅兩位牧師與兩位信徒、17 位臺南紳商一行人出城至二層行第二師團司令部，向乃木希典中將陳情，希望日軍能夠不流血進入臺南府城。在獲得日軍應允後，眾人引日軍進入臺南府城。

21 日上午 6 時日軍先發部隊自二層行附近的住營地啟程，由巴克禮牧師帶領十五位臺南紳商做為軍隊的先導，宋忠堅牧師則乘馬與另外四位紳民排在軍隊中央前進，沿途未遭到任何抵抗，上午 8 時 41 分日軍抵達小南門，城門已打開，城內也沒有任何人攜帶武器，於是先發步兵第十六聯隊便順利進城。日軍進城後，立即將日章旗掛在小南門城的一角，宣告占領臺南城。至 10 月 22 日，北白川宮所率領的近

衛師團由大東門進入府城，與第二師團、混成旅團會合，正式完成日
軍佔領臺灣的軍事任務。[45]

　　日軍進臺南城的過程中，二層行到城府小南門間的清代南路官道
是乙未戰役重要的歷史場域，乃木希典將軍與巴克禮、宋忠堅兩位牧
師扮演著關鍵角色。

蘇應元古厝是巴克禮與乃木將軍會面場域

臺灣府城小南門石額

日治時期道路

日治初期因臺灣人民群起反抗，日軍車馬輜重不易在小道上行進，且時遭突襲，因此，日本派遣陸軍後勤工兵依清代留下的路徑沿線開鑿，築成的道路，俗稱「陸軍路」。

明治 41 年（1908）西部縱貫線鐵道通車後，臺灣總督府開始投入公路的整頓，以「陸軍路」為基礎，規劃一條嶄新公路，自基隆起，經臺北、新竹、大甲、豐原、臺中、彰化、斗南、嘉義、臺南、高雄至屏東的路線，全程461.7公里。大正5年(1916)正式命名為「縱貫道」，進行路線整理，並規定平地路基寬 14.54 公尺，山地為 10.9 公尺。[46]

大正 8 年（1919）基於國防需求，同時為了更加有效鎮壓臺灣中南部民變，臺灣總督明石元二郎總督宣布開始興建「臺灣南北縱貫道路」，這條道路從南部的保甲道路開始，次第向中北部落實；直到大

日治時期臺灣北部的縱貫道路／勝山吉作，《臺灣紹介最新寫真集》，1931。

日治時期臺灣中部的縱貫道路
／勝山吉作，《臺灣紹介最新
寫真集》，1931。

日治時期臺灣南部的縱貫道路
／勝山吉作，《臺灣紹介最新
寫真集》，1931。

正 15 年（1926）元旦，伊澤多喜男總督宣布竣工，這個長達 4 百餘公里的道路（不含橋梁）完成修築。[47]

　　縱貫道路的完成，除了鞏固日本在臺灣的國防體制外，同時對於臺灣南北交通網絡的重整，以及臺灣西部城市興衰有很大影響。

臺南縱貫道路闢建

臺南鳳山間縱貫道路與二層橋

　　大正 8 年（1919）4 月開始建造臺南鳳山間的縱貫道路，全長約 13 里（51.05 公里），路寬由 4 間（7.27 公尺）擴為 8 間（14.54 公

尺），同時規劃二層行溪架橋事宜。橋梁工程由臺南梅井組取得建造，採用鐵骨混凝土建橋，橋身長百間（181.8公尺）。梅井組從11月開始動工，徵召沿道保甲里民勞動服務，約動用20萬人力，搬運4萬餘坪土砂，至大正10年（1921）2月竣工，並在南北兩端的橋頭柱嵌刻「二層橋」橋名碑以及「大正十年二月竣功」竣工碑。同年4月18日

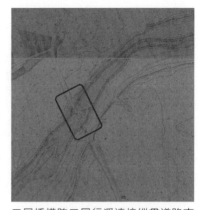

二層橋橫跨二層行溪連接縱貫道路南北／〈二仁溪區域圖〉，1928年。

舉辦通車儀式，臺南州與高雄州兩地的地方官員均出席，二層橋成為臺南與高雄間往返的重要道路，也是當時臺灣第一座鋼筋混凝土橋梁。[48]

二層橋的興建通車，對於地方交通及產業發展影響深遠，因而有「北港媽祖廟，二層行橋」的俚諺，供奉媽祖的朝天宮是雲林北港代表性地標與象徵，對於當地里民而言，二層橋是本地的重大建設與象徵。

昭和5年（1930）7月30日夜二層行溪水氾難沖毀橋梁，橋柱四基壓垮，長約50間（90.9公尺）；同年8月19日夜豪雨導致溪水暴漲又沖毀橋基20間（36.36公尺）。由於夏秋期間與水暴漲以及修建經費的問題，所以二層行溪橋梁復舊工程延至昭和7年（1932）1月才開始進行基礎工事，隔年3月27日復舊工程竣工，並在4月1日通行，至此二層行溪南北兩岸的交通得以通暢。[49]

在二層橋被沖毀後，昭和5年（1930）8月6日臺灣日日新報社主辦「自動車縱貫道路走破」（汽車行駛縱貫道路全程）活動。這一項活動係以美國製造的雪佛蘭車（Chevrolet）花五天的時間，行駛從基隆到高雄之間437.7公里的距離。全島住民熱烈參與報社舉辦的猜測實

際行駛所需時間的比賽，獲得 1 萬 4 千多票回應。行駛完全程是 22 小時 17 分，答對者有 7 名，後來用抽籤的方式選出第一名，獎品為手錶一隻。[50]

車子行駛至南部縱貫道路最後一段，臺南與高雄之間因二層橋被沖毀以致道路中斷，所以在前一天將車子先從臺南火車站運到大

1930 年 7 月 30 日沖毀後的二層橋／《臺灣日日新報》，1930 年 8 月 11 日 5 版。

湖站，然後 8 月 10 日當天早上將車子開到二層行溪南岸的起點。早上 9 點鐘出發時，現場的氣氛「像廟會一樣熱鬧」，[51] 受全島住民關注的雪佛蘭號由路竹、岡山、楠梓，最後在 11 點 43 分 5 秒抵達終於點。[52]

當走通活動來到二層行溪時，《臺灣日日新報》的〈自動車走破畫報〉曾刊載當時二層橋被沖毀後，民眾以竹筏作為往來二層行溪兩岸的交通工具，記錄昔日二層行溪竹筏溪渡情形。

里民宋金樹表示，地方耆老傳言二層橋在第二次世界大戰期間遭美軍空襲炸毀，重新修補，呈現高雄、臺南兩端不同的主體結構。宋金樹認為此傳言有待考證，但可以確定二層橋曾被被洪水沖毀。[53] 根據 1947 年〈臺南市舊航照影像〉，當時二層橋依然完整，並查閱〈1945 美軍轟炸臺灣照片〉，二層橋並無遭轟炸的情形。二層橋於大正 10 年（1921）2 月竣工後，日昭和 5 年（1930）7 月及 8 月間兩次遭溪水沖毀將近 127 公尺的橋身，至昭和 8 年（1933）3 月竣工，由於使用不同材料搶修，形成兩段迥異的橋身，雙截式的建物結構成為該橋梁最大特色。

戰後，政府陸續從事公路的興建與改善，先是在民國52年（1963）進行加寬工程，及至民國64年（1975）臺南經高雄至屏東段的臺1線縱貫道路進行拓寬，民國66年（1977）原穿越二層行聚落中間的路線往東移，因此另建新橋，[54] 即第二代二層溪公路橋。二層行溪舊公路橋的交通重要性被取代，及至民國89年（2000）二層行舊公路橋下陷傾斜而成危橋，但汽機車人每天闖入穿越，二行村長擔心發生意外，要求封閉，[55] 其後基於安全考量而封閉停用。

二層行溪舊公路橋也是二層行溪下游聚落灣裡萬年殿王船信仰的重要場域，當香陣經過二層行要前往南岸的湖內，太爺福安宮的神轎即是在二層行溪舊公路橋接香，舊橋停用後改在新橋進行接香儀式。灣裡昔日為七鯤鯓之地，庄廟萬年殿主祀葉朱李三府千歲，祀有二艘王船，皆是清嘉慶年間（1796-1820）所撿拾的海漂王船；左廂王船於醮典期間出巡，右廂王船則常年留駐廟中。自古有「海巡」、「陸巡」之俗，原先是3年一科，並啟建三朝王醮，後改為6年一科，近年改為12年一科，最近一科是民國97年戊子科五朝王醮大典。

早期萬年殿王船出巡

二層行溪舊公路橋北端

二層行溪舊公路橋南端

二層行溪舊公路橋橋頭柱的橋名碑

二層行溪舊公路橋橋頭柱的竣工碑

時以「海巡」方式走二仁溪水路到今高雄市湖內區太爺福安宮，而後繞境茄萣白砂崙地區。自民國 85 年（1996）丙子科王醮因王船老舊且二仁溪污染嚴重，基於安全考量，才改走陸路出巡。王船出巡隊包括十座王爺神轎與灣裡地區各角頭信徒組成的宋江陣、跳鼓陣、牛犁陣、御輿團、大鑼陣、獅陣等近百民間藝陣。王船由大批工作人員與數千信徒縴拉出巡二仁溪下游（臺 1 省道以西）兩岸地區；二層行溪北岸的大甲、港崎頭、塗庫、山仔頭、二層行等聚落，以及南岸的太爺、草仔寮、葉厝甲、圍仔內、白砂崙等聚落；沿路更不時有信眾加入拉王船的行列，蔚為奇觀。王船所到之處，家家戶戶皆在門前擺設香案以迎接王船與王爺神轎的駕臨，焚香祈求王船庇佑闔境平安，係二仁溪下游地區盛大廟會活動。

　　臺南市政府在民國 105 年（2016）2 月 25 日公告登錄「二層行溪舊公路橋」為歷史建築。

臺南嘉義間縱貫道路與橋梁

　　明治 34 年（1901）之後，原本從小北門為起點的路徑，在鐵線橋分岔往西的海線北路官道，已改為直接從大西門為端點，另闢出一條路徑，而這條路徑應是臺江淤積後，從北邊遷徙來的落腳墾戶，由農寮逐漸形成社群、聚落；如安南區大港寮、文元寮、筏仔路頭、海尾寮、本淵寮、十二佃、七十二份、樹仔腳、塭仔內等聚落，可通達蕭壠，接鹽水港，而使鹽水港街成為周邊方圓村里、庄社民生所需的農產市集轉運點。該路徑繼續往北則直抵樸子腳（今嘉義朴子），往西抵濱海的馬沙溝、布袋嘴，往東則在安溪寮處與原北路銜接，往南一樣銜接茅港尾的橋頭，在西部沿海區域形成一個周全的道路網，而今這路徑幾乎與今西濱公路臺 17 線及臺 17 甲線的路徑的完全符合，這新形成的道路網完全是拜臺江淤積後，土地漸成而興起，雖然當時的路徑仍屬本質不良的礫石路或土路的三級道路。[56]

　　昭和 6 年（1931）臺南嘉義間縱貫道路完成，至昭和 10 年（1935），臺南境內的指定道路，主要有縱貫道路、中央道路、海岸道路等 3 條，為臺南州下縱走三大動脈，並在同年 5 月 11 日舉行曾文溪橋、急水

日治時期臺南境內縱貫道路鳥瞰圖／《臺南新報》，1935 年 5 月 15 日，5 版。

曾文溪治水工事竣工紀念碑

西港大橋於日治時期稱君之代橋

溪橋、八掌溪橋的開通儀式。[57] 曾文溪橋稱為君之代橋，於昭和 7 年（1932）12 月動工興建，橋長 880 公尺，工事費 52 萬 5 千餘圓，連接新化郡安定庄與北門郡西港庄西港，即今西港大橋前身；急水溪橋稱為千代橋，於昭和 7 年（1932）12 月 11 日動工，橋長 120 公尺，工事費 9 萬 5 千 6 百餘圓，連接北門郡學甲庄與新營郡鹽水街，即今急水溪橋前身；八掌溪橋稱為八千代橋，於昭和 7 年（1932）12 月動工興建，橋長 240 公尺，工費 17 萬 2 千餘圓，連接新營郡鹽水街與東石郡義竹庄布袋。[58]

二戰後的公路

　　臺南市幅員廣大，升格直轄市後，道路總面積排名臺灣第一，為 5,977 萬平方公尺。道路密度全臺第三高，道路總長度 5,016 公里與公路總長度 2,172 公里，亦皆是全臺第一。[59] 跨縣市聯外道路系統有南北向的國道 1 號、國道 3 號、臺 1 線、臺 3 線、臺 17 線、臺 19 線、臺 39 線、臺 61 線等 8 條，東西向的公路有國道 8 號、臺 20 線、臺 84 線、臺 86 線等 4 條；境內連絡道路之縣市道、區鄉道縱橫遍布，建構臺南市便捷的道路交通系統。

國道

中山高速公路

　　中山高速公路編號為中華民國國道 1 號，簡稱中山高、國道 1 號，是臺灣第一條高速公路，因此一般俗稱為「一高」。民國 67 年全線通

中山高速公路安定路段

中山高速公路新營服務區

中山高速公路仁德服務區

車，其連接臺灣西部各大都市、城鎮，以及臺灣南北兩大港口高雄港與基隆港，為臺灣西部走廊、乃至臺灣陸上交通最重要的大動脈。全長 374.3 公里，是臺灣第二長的高速公路，僅次於福爾摩沙高速公路；但與福爾摩沙高速公路相比，串聯區域以臺灣各地都會區為主，因此交通上也較繁忙。該公路是時任行政院院長蔣經國推動的十大建設之一，以紀念中華民國國父孫中山為名。[60]

　　國 1 道路由北而南穿越臺南市後壁區、新營區、鹽水區、麻豆區、新市區、永康區、仁德區，沿線有新營交流道、下營系統交流道、麻豆交流道、安定交流道、臺南系統交流道、永康交流道、大灣交流道、仁德交流道、仁德系統交流道，設有新營服務區以及仁德服務區。

南部區域第二高速公路工程紀要碑

東山服務區

新化休息站

關廟服務區

福爾摩沙高速公路

　　福爾摩沙高速公路，編號為中華民國國道 3 號，是臺灣第二條南北向的高速公路，因此一般俗稱為「二高」，由於分為不同區段興建，因此臺灣民眾常稱北二高、中二高、南二高等三大路段，但實際上都是同一條高速公路。全長 431.5 公里，為臺灣最長的高速公路，民國 76 年由北二高路段開始動工，民國 82 年開始分段通車，民國 94 年 1 月 11 日完成全線通車。[61]

　　國 3 道路由北而南穿越臺南市白河區、東山區、柳營區、官田區、大內區、山上區、新化區、關廟區，沿線有白河交流道、柳營交流道、烏山頭交流道、官田系統交流道、善化交流道、新化系統交流道、關廟交流道，設有東山服務區、關廟服務區以及新化休息站。

國道 8 號

　　國道 8 號，編號為中華民國國道 8 號，又稱臺南支線、臺南環線，簡稱國8。全線位於臺南市，西起安南區，經過安定區、新市區東抵新化區。總長 15.5 公里，民國 88 年 12 月 30 日通車。

國道 8 號高速公路可連接台江大道

　　國道 8 號臺南端可接臺 17 甲線往安南區並連接北區、中西區、安平區，另有東西向之臺 17 乙線，連接臺 17 線，計畫名稱「國道八號銜接西濱公路聯絡道」，於民國 96 年 12 月 18 日通車，臺南市政府命名為「台江大道」。[62]

省道、快速道路

臺 1 線

　　戰後，政府在軍事的考量之下立即接手，加上美國金錢與物資的援助，民國 42 年（1953）西螺大橋完工通車，「縱貫道」工程正式完工。此後，日治時代起建的縱貫道，成為國民政府時期「臺灣省道第一號」，民間慣稱省道、縱貫路或省縱貫道、縱貫公路。[63]

　　臺 1 線是臺灣西部一條南北向的省道，為連結西部各城鎮的主要交通幹線，起自臺北市忠孝西路與中山南路口，終點屏東縣楓港臺 26 線、臺 9 線交叉路口，總長 461.81 公里；經過臺南市後壁、新營、柳營、六甲、官田、善化、新市、永康、東區、南區、仁德等 11 個行政區。

臺 1 線公路

臺 1 線南下路段在後壁、六甲、善化等處闢有自行車道

臺 1 線六甲境內的落羽松與菁埔埤景色優美

臺3線

臺 3 線，俗稱內山公路，北起臺北市，南迄屏東市，總長 436.286 公里；經過臺南市楠西、玉井、南化等 3 個沿山行政區。該道路北行可前往嘉義縣大埔鄉、番路鄉南部、中埔鄉、番路鄉西北部、竹崎鄉等地，南行可前往高雄市內門區、旗山區等地。

臺 3 線經過臺南市楠西、玉井、南化行政區

臺 3 線行經臺灣西部各縣市鄰近山區之鄉鎮市區，沿線地形多呈丘陵地、臺地，這些地區在日治時期為軍事用途而闢建，零星分散的戰備道路與產業道路，便是臺 3 線前身。

臺 3 線為玉井連接沿山地區的主要道路

安吉路至安明路口之台江大道為臺 17 乙線

臺南境內臺 17 線南端

臺 17 線

臺 17 線，又稱西部濱海公路（中南段），為臺灣一條聯絡西南部沿海城鎮的省道，起自臺中市清水區甲南（臺 1 線岔路），終至屏東縣枋寮鄉水底寮（接臺 1 線），全長 273.474 公里；經過臺南市北門、學甲、將軍、七股、安南、北區、中西區、安平、南區等 9 個行政區。

另有臺 17 甲線與臺 17 乙線；臺 17 甲線全長 26.418 公里，北起臺南市安南區，南迄高雄市湖內區湖內橋，經過臺南市之安南、北區、中西區、南區等 4 個行政區；臺 17 乙線全線 5.917 公里，皆在安南區內。

原臺 17 甲線路段為民國 66 年 10 月 6 日公告之臺 17 線的一部分，由臺南市安南區國聖橋接公學路到十二佃，再走海佃路到海尾寮，之後往南接文賢路、民族路三段、西門路、新興路、金華路、喜樹路、

灣裏路，而後經南萣橋進入高雄市。而由於都市發展與安平工業區開
發，民國 71 年左右，臺 17 線在臺南市中西區改走新闢的金華路路段。
而原本進入喜樹與灣裏的臺 17 線也在東邊新闢的道路（明興路）完工
後改走新路，不再進入聚落內。民國 83 年臺 17 甲線公告成立，北起
高雄市茄萣區南萣橋，南至高雄市湖內區湖內橋，全長共計 7.749 公里。
民國 91 年，臺 17 甲線之起點延伸至國聖橋，里程調整為 30.305 公里。
民國 93 年，湖內路段改行新線，里程調整為 30.402 公里。民國 97 年，
因國道 8 號起點設在安南區新吉工業區，因而將國聖橋至海佃路與安
吉路交會處的路段解編成一般市區道路，起點移至國道 8 號起點與安
吉路三段交會處，成為今日的臺 17 甲線。

　　臺 17 乙線係以臺南市安南區土城子之臺 17 線（安明路）為公路
起點，沿着臺江大道朝東行進，在臺江大道與海佃路口與臺 17 甲線舊
線交會，之後於溪心寮與臺 17 甲線（安吉路）交會，即是此公路之終
點。[64]

鹽水區田寮段的臺 19 線公路

鹽水與學甲間的臺 19 線公路兩旁常可見玉米田

臺 19 線

　　臺 19 線，別稱中央公路，是連絡臺灣中南部次要城鎮的縱貫省道，全線貫通彰化平原、嘉南平原。北起彰化縣彰化市，南至臺南市永康區，起終點皆位於臺 1 線，總長 140.195 公里，經過臺南市鹽水、學甲、佳里、西港、安定、安南、永康等 7 個行政區。

　　另有臺 19 甲線，北起臺南市鹽水區，南至高雄市梓官區赤崁，全長 78.693 公里。由原縣道 173 號之鹽水至麻豆段與縣道 177 號麻豆至赤崁全線整編而成，也是目前臺灣公路系統里程最長的省道支線。

臺 20 線

　　臺 20 線，是臺灣一條橫貫於南部地區的省道。西起於臺南市中西區湯德章紀念公園中山路段；東迄於臺東縣關山鎮西庄，主線全長 203.982 公里，經過臺南市之中西區、東區、北區、永康、新化、山上、左鎮、玉井、南化等 9 個行政區。

　　臺 20 線自玉井開始，往南進入山區，此路段即所謂「南部橫貫公

湯德章紀念公園是臺 20 線公路的起點

臺 20 線公路南化區北寮之南部橫貫公路開工紀念碑

路」，但民間常以「南橫公路」稱之。沿線穿越新化丘陵、玉山山脈、
中央山脈，橫跨臺南、高雄、臺東等三縣市，是交通部公路總局編制
的省道系統當中最長的一條公路。另有臺 20 乙線，自左鎮到南化，全
長 7.842 公里。

臺 39 線公路沿高鐵高架橋下闢建

臺 39 線

　　臺 39 線為沿臺灣高鐵高架橋下兩側用地闢建之省道，民國 95 年 12 月 11 日啟用；北起臺南市新化區洋子，南至高雄市阿蓮區崙子頂，全長 18.83 公里，經過臺南市新化、永康、歸仁等 3 個行政區。

臺 61 線

　　臺 61 線又稱西部濱海快速公路，是縱貫臺灣西部沿海地區的省道快速公路，也是全臺最長的快速公路，其路線北起於新北市八里區，南迄至臺南市七股區，總長 304.152 公里；經過臺南市北門、將軍、七股等 3 個濱海行政區。

　　西濱快速公路曾文溪橋新建工程已於民國 111 年 12 月 4 日開工，工期 2000 日曆天，預訂民國 117 年 5 月 25 日完工，總長度 3.38 公里，建設總經費 96 億元。西濱快速公路曾文溪橋新建工程可改善大臺南交

臺61線快速道路目前終點位於七股區十份里

通，建構臺南「四橫三縱」的高架道路，包括國道跨南133立體化、臺61曾文溪橋新建、臺86銜接國道3號，及北外環道興建等計畫。「四橫」係橫貫臺南的高架道路，從北至南依序是臺84快速道路、國道8號、北外環道、臺86快速道路，目前除了北外環路段外其餘路線均已貫通連結；「三縱」由東至西分別是國道3號、國道1號、臺61線西濱快速公路。[65]

臺84線

臺84線全名為東西向快速公路北門玉井線，起點設置於臺61的283公里北門交流道，隨後經學甲、麻豆、下營、官田以及善化的邊緣，一路朝東南方前進，在27公里之後，開始橫貫大內山區，最後抵達終點玉井的臺20南橫公路，全長41.428公里，串聯北門、學甲、麻豆、下營、官田、大內、玉井等7個行政區。

臺 84 線快速道路頭社段

走馬瀨隧道

　　曾文溪在中上游有數個曲流，使得臺 84 在大內、玉井段三度跨越它，成為三跨曾文溪的快速公路。另外，臺 84 從大內開始一路東行，平埔族古地名便不斷圍繞著，頭社、大茅崙、走馬瀨、噍吧哖等，訴說著當年這塊丘陵山地主要住民的屬性。

臺 86 線

　　臺 86 線，即東西向快速公路臺南關廟線，位於臺南市南部之東西向省道快速公路，西起南區灣裡銜接臺 17 線，東至關廟區銜接國道 3 號，全長 18.534 公里，串聯臺南市南區、仁德、歸仁、關廟等 4 個行政區。

臺 84 線快速道路東端終點

臺 86 線西端起點

02

鐵路交通

縱貫鐵路

西部縱貫線鐵道

臺灣鐵路的修築，雖於清光緒 2 年（1876）10 月即已完成基隆煤礦至海濱的輕便鐵路，[66] 成為臺灣的第一條鐵軌道，丁日昌並規劃一個發展臺灣鐵路的計畫，清楚提出鐵路快速的特性對軍事的助益，且對礦物的開採，有很大的幫助，[67] 最後因經費問題，無法實施其計畫，而將臺灣修築鐵路的計畫延至光緒 13 年（1887）劉銘傳時期。

光緒 13 年（1887）臺灣正式設省，劉銘傳為首任巡撫。劉銘傳為一眼光遠大，才識兼備的政治家，深知鐵路對於國防、政治、經濟的重要性，所以劉氏出任臺灣巡撫後，即積極籌畫臺灣鐵路建造，向朝廷上奏章〈擬修鐵路創辦商務摺〉，陳述開辦鐵路的重要性與優點。[68] 光緒 13 年（1887）5 月 20 日清廷准許臺灣建造鐵路事宜，劉銘傳即在臺北城東三板橋邊（今臺北市南京東路與中山北路交會處）設立「全臺鐵路商務總局」，以英人馬德利為總工程師，著手興建臺北至基隆車路。同年 6 月在臺北大稻埕動工，中經獅球嶺，開鑿隧道數處，工程甚為艱苦，至光緒 17 年（1891）竣工通車，全長 28.6 公里，係臺灣鐵路的開始。

在基隆臺北段開工後，光緒 14 年（1888）劉銘傳繼續開築自臺北南行經桃園、中壢以達新竹的路線，該段計 78.1 公里，其間倍經困難，終在光緒 19 年（1893）通車。綜觀基隆至新竹間的鐵路，全長共計 106.7 公里，共建大小橋梁 74 座，溝渠 568 處，共費銀 129 萬 5 千 9 百 60 兩。[69]

劉銘傳於基隆至臺北段將告竣工時，原擬將鐵路延展築造到臺南，惟以新竹以南丘嶺起伏，溪多且廣，不易通過，乃命德國工程師測量

大安、大甲兩溪，構架鐵橋。其後，劉銘傳調職，繼任巡撫的邵友濂鑑於鐵路建設工程艱鉅，而且籌錢困難，在新竹站興建完工後宣布停建。[70] 因此，創建於清末的臺灣鐵路，其路線遂到新竹為止，新竹經香山到中港（竹南）之間僅完成築堤工程。

明治 28 年（1895）5 月底，日軍登陸臺灣後亟需運用既有鐵路做為軍事接收的移動工具，因此即時進行鐵路修復，包括因基隆獅球嶺隧道路段坡度過陡而另開竹子寮隧道。明治 29 年（1896）3 月 14 日臺灣總督樺山資紀命令臨時臺灣鐵道隊長以 7 萬 7 千 3 百 60 餘圓經費進行縱貫鐵路調查，並委託鐵道技師工學博士曾田禮作等人從事測量。同年 4 月展開全島的鐵道路線調查，西部幹線分新竹到苗栗、苗栗到臺中、臺中到嘉義、嘉義到打狗（高雄）四段同時進行，6 月底完成路線初勘。[71] 當時甚至還進行東海岸線及東西橫貫線的調查，雖然最後未完成，但已可看出日本營建鐵道的雄心氣魄。

臺灣鐵道之建設一開始採民營方式，但在後藤新平主導下，明治 32 年（1899）年臺灣總督府成立鐵道部，全責推動鐵道建設。縱貫鐵道採取南北兩端同時施工方式進行；北部在明治 31 年（1898）年建淡水線作為運送鐵道建材的運輸線，繼而遷移原臺北經新莊的路線，改道經板橋到桃園的路線，明治 37 年（1904）進抵苗栗三叉河（三義）；南部端在明治 32 年（1899）從打狗動工，明治 37 年（1904）抵達彰化；中部路段興建時歷經日俄戰爭，為考量避免遭受來自海上的攻擊，以及河川接近中游河段橋梁施工較快等因素，所以中部路段是走山線。[72] 日人動用當時東京帝大及京都帝大甚多鐵道專才投入規畫設計監造，加上充足的臺灣人勞動力投入建設。

明治 41 年（1908）縱貫線完工通車，臺灣近代交通史開啟新頁。隨著鐵道的鋪設，相關的車站及車輛、營運維護管理設施等配置完成，同時為配合通車，建設臺北鐵道旅館、臺灣總督府殖產局附屬博物館、

縱貫線鐵道全通式會場／臺灣總督府鐵道部，《臺灣鐵道史下卷》，1911。

臺中公園等。明治 41 年（1908）10 月 24 日在臺中舉行通車典禮，日本皇室還特擇閑院宮載仁親王（北白川宮能久親王之弟）出席盛會。[73] 縱貫線鐵道的通車，使臺灣能「朝發夕至」南北一日通，貨物與行旅移動乃逐漸往南北的打狗和基隆集中，西部沿海港口的運輸貿易功能衰退而沒落；鐵路沿線要站成為人口與物產的集散地，距幹線鐵路稍遠的鄉村地區也藉由輕便鐵道或糖業鐵道相連結，產生新的運輸交通型態，人的移動便利，也促成資訊流通傳播。

　　縱貫鐵路全線通車後帶動臺灣產業的發展，經由縱貫鐵路運輸的進出口物品逐年增加。原先的運輸設備已不敷需求，造成全線普遍滯運現象，因而進行縱貫線的強化鋪設複線軌道。第一次世界大戰的爆發使日本成為世界的工廠，產業發展經濟大幅成長。自大正 6 年（1917）臺灣各事業蓬勃發展，客貨運輸量大增，儘管全部路線傾盡全力進行

運輸，貨物滯運的情況仍然嚴重，原有縱貫線明顯不敷使用，造成輸出入的貨品在港口或各車站堆積如山的「滯貨事件」。[74]

當時臺灣本島物資的進出口主要經由基隆、高雄兩港，其中臺灣本島生產的米、糖由高雄港輸出，日本內地及臺灣海峽對岸的物品由基隆港進口後南送臺灣各地。這樣的物資運輸線，往往形成有貨物送而無北運的單程載貨狀態，不合車輛運用的效益。為舒緩此種情形，雖制定優惠貨物運送的運費政策，以獎勵中、南部的貨物北送，但受限縱貫線的運送量而未能發揮效果。為解決營運困難，縱貫線的強化迫在眉睫，然而苗栗與豐原間的縱貫線山溪相互交錯，且坡度陡，該段在縱貫線興建時即屬於最艱難施工區，如在此路段進行複線工程實在無法紓解一時之急，乃有海線縱貫鐵路的建設規劃。綜合以上所述，當時因縱貫線的強化政策，第一次世界大戰使日本景氣繁榮的契機，同時為調和臺灣南北的貨物運輸，以及苗栗、豐原間的山坡度陡，造成行車營運的阻礙，複線工程困難度高，無法於短期內完工，所以有海線縱貫鐵路的規劃與建設。

海線縱貫鐵路的路線原有二個方案；其一，由竹南到王田；其二由海線的中間站經臺中銜接原縱貫線。鐵道部幾經研究各種路線後考量運送能力、建設經費、新地開發等各種條件，最後選擇建設竹南王田的海岸線以補強山線的方案，其後考量客貨運輸的方便，將舖設路線延長至彰化。[75] 海線縱貫鐵路的規劃與舖設係臺灣總督明石元二郎（1918.6.6-1919.10.26 在職）為解決貨物滯運所提的建設議案，經總督府評議會通過，從大正 8 年（1919）起以 4 年連續事業，工程預算1055 萬圓進行建設。同年 8 月起由南北兩端開始動工，因受到物價暴漲的影響，後來追加 153 萬圓，總計工程費用 1208 萬圓。海線縱貫線通車時明石元二郎雖已離職，但該鐵路線的建設被公認為明石任內的重要治績。

彰化至清水段的工程於大正 9 年（1920）12 月竣工，開始運輸營業；清水至竹南段的工程則較原定時間縮短，於大正 11 年（1922）10 月竣工，竹南到彰化站間 91.2 公里的海線鐵路於 10 月 11 日在通霄舉行通車儀式。[76] 沿線設談文湖（談文）、大山腳（大山）、後龍、白沙屯、公司寮（龍港）、新埔、吞霄（通宵）、苑裡、日南、大甲、甲南（臺中港站）、清水、沙轆（沙鹿）、龍井、大肚、追分等站。此後即以海線為縱貫鐵路本線，原山線則改稱臺中線。

臺南段鐵道的興建

臺南境內的縱貫鐵道屬於南部線工程，南部線工程由打狗（高雄）出張所管轄，管轄區域為打狗到濁水溪之間，並分打狗臺南間、臺南嘉義間、嘉義濁水間 3 區段工程，臺南段的工程有打狗臺南間、臺南灣裡（善化）間、灣裡嘉義間 3 個工區。[77]

打狗臺南間全長 28 哩 5 分（約 110 公里），新線鋪設工程以打狗阿公店間 第一工區，阿公店臺南間 第二工區。第一工區事務所設於打狗出張所，第二工區事務所設於臺南清水寺街（今開山路 3 巷）。明治 32 年（1899）8 月 15 日第一工區先起工，此為南部線工程第一步，開工以來天氣順晴工程逐漸進展，至翌年 3 月 7 日，以土方工程為首，橋梁及其他相繼完成。第二工區，亦卽臺南阿公店間，則於明治 32 年（1899）9 月 16 日起工，至翌年（1900）4 月 20 日阿公店二層行溪間大約完成，並於同年 10 月 31 日二層行溪臺南間也大約完成，全長 15 哩 26 鎖（約 60 公里），停車場有大湖街、車路墘、臺南等三驛，後來加設中洲庄、半路竹二驛。軌條置放工程，自明治 32 年（1899）12 月由打狗驛著手，至翌年 1 月到達阿公店，同年 3 月底完成至二層行溪止。該溪以北曾經短時間設臨時線路、臨時橋，以手推臺車搬運軌條，從明治 33 年（1900）9 月再度施工，10 月 31 日到達臺南。明治

33 年（1900）11 月 20 日二層行溪鐵路橋竣工，11 月 28 日舉行打狗到臺南間的通車典禮。

臺南灣裡間全長 11 哩 8 分（約 44 公里），分為二工區，臺南新市街間為第三工區、新市街灣裡間為第四工區，新市街設派出所，監督管理工程進行。第三工區土方工程於明治 33 年（1900）5 月 19 日，第四工區於 5 月 18 日著手，同年 10 月 20 日同時竣工。大洲、大營兩溪於兩岸設臨時線做為臨時橋，其他 30 呎（約 9.1 公尺）以下各橋梁、涵洞均以木桁或軌條架設，使工程列車得以運轉，以圖工程快速進展。至明治 34 年（1901）5 月 15 日，臺南灣裡間開始營業，設新市街與灣裡二處停車場。

灣裡嘉義間全長 26 哩 5 分（約 103 公里），工程分二工區，灣裡新營庄間為第五工區，再細分為甲乙兩區；而新營庄嘉義間為第六工區。在赤山堡拔仔林庄設置曾文溪派出所，監督管理第五工區工程進行，甲區的土方工程，自灣裡以北 3 哩 41 鎖（約 12 公里）間，於明治 33 年 10 月 7 日著手，翌年 3 月 30 日竣工；乙區土方工程 灣裡以北起 7 哩間，於明治 34 年 4 月 23 日著手，同年 6 月 20 日竣工；灣裡新營間於明治 34 年（1901）12 月 16 日開始營運。第六工區土方工程，於明治 34 年 3 月 4 日著手，6 月 25 日竣工；新營嘉義間於明治 35 年（1902）4 月 20 日開始營業。

臺南段的縱貫鐵道，打狗臺南間於明治 33 年（1900）11 月 28 日通車營運，臺南灣裡間於明治 34 年（1901）5 月 15 日通車營運，灣裡新營間於明治 34 年（1901）12 月 16 日開始營運，新營嘉義間於明治 35 年（1902）4 月 20 日通車營運；臺南段的鐵道通車比縱貫線全通早了 6 年。

自從縱貫線鐵道闢建後，鐵道將臺南市區一分為二，沿線有 9 處平交道、4 處地下道、3 處高架橋，嚴重阻隔市區交通，臺南市政府於

民國80年起開始著手辦理臺南鐵路立體化可行性研究，民國98年行政院核定通過鐵路東移路線，於民國106年動工進行臺南鐵路地下化工程。[78]

臺灣鐵道路線圖／渡部慶之進《臺灣鐵道讀本》，1939。

鐵道橋梁

　　縱貫線鐵道臺南段之重要工程有二層行溪、曾文溪、急水溪、八獎溪等的架橋工程。其中，原臺南縣政於民國 97 年（2008）11 月 10 日公告登錄「曾文溪鐵道舊橋遺蹟」為歷史建築，臺南市政府與高雄市政府於民國 104 年 11 月 3 日共同公告指定「二層行溪舊鐵路橋」為直轄市定古蹟。

二層行溪鐵路橋

　　二層行溪，今稱二仁溪，為臺南市與高雄市界溪。二層行溪的鐵路橋梁於日明治 32 年（1899）12 月 21 日動工興建，翌年 11 月 20 日竣工，隨即在日明治 33 年（1900）11 月 28 日舉行打狗（高雄）到臺南間的通車典禮。阿公店臺南間的鐵道工事主任有技手飯田豐二、大江參四郎、景菊次郎，工事建造為鹿島組。[79]

　　鐵道工事技手飯田豐二為日本靜岡縣人，20 歲左右到東京工手學校（今工學院大學）研讀土木學。畢業後在日明治 30 年（1897）成為臺灣總督府雇員，不久擔任技手一職，參與南部線縱貫鐵道的興建；負責阿公店（岡山）、臺南、新市街、灣裡（善化）、新營、嘉義、大莆林（大林）、他里霧（斗南）、斗六、林仔頭（斗六林子頭）、濁水溪等區間鐵道線的工事。[80] 後在日明治 43 年（1910）因功陞任技師，並敘高等官六等，授正七位。隔年（1911）臺灣總督府打算要興建從鳳山廳通往阿緱廳的鐵路，飯田豐二遂被任命為九曲堂派出所主任督工，而該工程中最為艱難的即是興建橫跨下淡水溪（今高屏溪）的鐵橋。當時九曲堂派出所附近爆發瘧疾，而飯田豐二又因工程積勞成疾，終致日大正 2 年（1913）6 月 10 日病逝於臺南病院。時人感念其勞苦功高，故在今高雄市大樹區九曲堂火車站旁建立紀念碑，並埋遺墨為靈，銘刻事功以垂後。

　　鹿島組為縱貫鐵路南部線營造工事的主要營造商之一，係日本歷史悠久的土木建設業者；創始人是鹿島岩吉，明治 18 年（1885）鹿島岩吉過世，由長男鹿島岩藏繼任，得到明治政府鐵道省賞識，開始進軍鐵道工程、港灣、水力發電廠，並隨日軍腳步，將事業拓展到國外。日明治 28 年（1895）隨日本軍隊領臺來臺灣並在臺南設立出張所，及至日大正元年（1912）鹿島岩藏去世，改由養子鹿島精一接任負責人，並將出張所遷移到臺北北門町，日昭和 5 年（1930）改組為鹿島株式會社，鹿島精一出任第一任社長。除參與縱貫鐵路南部線的興建，也承包下淡水溪橋、阿里山鐵道、日月潭水力發電工程等重大工程，[81] 對日治時期臺灣的公共建設影響深遠。

　　日昭和 4 年（1929）進行高雄臺南間的鐵路複線工程，二層行溪鐵橋自 9 月施工，橋梁延長 7 百餘尺，及至日昭和 6 年（1931）竣工， [82]

第一代二層行溪鐵路橋／臺灣總督府鐵道部，《臺灣鐵道史》，1911。

是為第二代二層行溪鐵路橋，採雙線鋼梁鐵橋，共 12 座橋墩，每座橋墩間隔 20 公尺，全長 240 公尺。

戰後，臺灣鐵路管理局曾在民國 50 年（1961）前後進行舊鐵橋橋墩保護工程。其後，為改善鐵路行車安全，增進乘車舒適感，並解決鐵路養護人力不足問題，於民國 89 年規劃辦理二層行溪橋改建工程，至民國 103 年竣工通車，為第三代二層行溪鐵橋。

二層行溪舊鐵路橋即第二代二層行溪鐵路橋，目前臺鐵僅存四座鋼梁鐵路橋中，其中屏東隘寮溪鐵路橋及東港溪鐵路橋都是單線，僅曾文溪鐵路橋及二層行溪舊鐵路橋才是複線；惟曾文溪鐵橋是臺灣光復後民國 42 年才建造，二層行溪舊鐵橋自建造以來，歷經多次地震、洪水等天災，皆能完好保存，更顯可貴。二層行溪舊鐵路橋也是臺灣碩果僅存的日治時期複線鋼梁鐵橋，具見證臺灣鐵道工業發展的歷史意義。

二層行溪舊鐵路橋，西側為新建之二層行溪第三代鐵路橋

二層行溪舊鐵路橋北端橋臺

二層行溪舊鐵路橋之避車道與橋梁

二層行溪舊鐵路橋之橋墩

　　鐵路為陸上交通之大動脈，不僅是大宗軍需與民運交通的主流，而且攸關國防設施而為整體國防建設的一環，不可因遭受破壞而一日中斷，所以鐵路橋隧實扮演重要關鍵的安全因素，必須配置守護兵力，以確保安全無虞，維繫運輸暢通。因此，國民政府接管臺灣以後，為配合防衛作戰，確保交通運輸，民國 38 年臺灣省保安司令部頒布「臺灣省鐵公路沿線橋梁及隧道守護辦法」，針對 300 公尺以上之橋隧派兵駐守，未駐守之橋隧則以游動巡邏或居民監護等方式維護其安全。[83]臺灣地區鐵路橋梁隧道防護自民國 39 年度由保警保安總隊擔任，民國 47 年改由警備總部警備部隊繼續執行橋隧防護任務，直到民國 74 年國防部基於精兵政策，將警備部隊裁撤，橋隧守護任務交由警備總部 7 個橋隧連兵力擔任。[84]橋隧連是橋梁隧道連的簡稱，民國 76 年 7 月 14 日宣頒布解嚴令後，橋隧連於民國 79 年 12 月 9 日裁撤解編，但昔日哨棚及營房仍有部分遺構。

　　南部地區的橋隧守護任務由橋隧連 201 連負責，駐守的橋梁有曾文溪高速公路橋南北班、二層行溪高速公路橋班、二層行溪鐵橋班、下淡水溪橋南班、里港橋班、雙園大橋南班，連部原位於今臺南市官田區臺鐵那拔林火車站旁的拔林營區，民國 77 年遷至高雄市金獅湖旁的覆鼎金營區。

　　二層行溪舊鐵路橋北端的房舍即是橋隧連二層行溪鐵橋班，目前定居仁德區中洲的黃克勤即為二層行溪鐵橋班退伍的班長；黃克勤，[85]民國 24 年（1935）出生，原籍江蘇省漣水縣高溝鎮，民國 39 年（1950）到臺灣。而後投入軍旅，隸屬特戰海龍部隊，其後曾在彰化裝甲旅、安平海防等單位，民國 66 年派二層行溪鐵橋班，擔任班長直至民國 75 年退伍，定居中洲。

　　根據黃克勤訪談表示，二層行溪鐵橋班的編制有 11 人，由班長指揮帶隊，原先皆為資深士官，及至民國 70 年後，隨著屆退老士官日增，

乃以義務役士兵補缺。主要的常態任務有二部分，一是負責衛哨安全，門柱及崗哨亭各有一人輪班站哨；一是巡邏警戒，橋梁及其四周環境的巡邏，從雙軌中間的維修道步行到南岸來回巡邏，以維護橋梁安全。靠近鐵橋頭處原設有崗哨亭，為水泥造單人崗哨，現已遭拆除不見。營舍北緣原建二座水泥門柱，作為出入口，目前東向門柱已拆除不存，僅存西向門柱。由門柱入營舍後，分別有廚房、水塔、浴室與廁所、餐廳與會議室、寢室、軍械室。由於營舍老舊，臺鐵在營舍南緣新建一間營舍，但使用不久二層行溪鐵橋班即裁撤。

　　二層行溪鐵橋班的老士官因長期駐守在中洲，與地方居民互動密切，退伍後往往選擇定居中洲，黃克勤即是一例；此外，尚有前班長蔡宗銘一家人也是落地生根成為在地人。當年駐守二層行溪舊鐵橋的老士官與鐵路橋，成為中洲社區的共同歷史記憶。

二層行溪舊鐵路橋北端鐵道班房舍

曾文溪鐵路橋

　　曾文溪流經臺南市楠西區、玉井區、大內區、山上區、善化區、官田區、麻豆區、安定區、西港區、七股區、南區、七股區等行政區，曾文溪鐵路橋位於善化與官田之間。

　　曾文溪鐵路橋梁工程係明治 35 年（1902）9 月 1 日起工，明治 37 年（1904）1 月 20 日竣工。但後來第 19 號橋墩及北橋臺漸次移動達 1 尺餘，調查其原因發現係背部土砂壓迫，乃於明治 38 年（1905）10 月著手改建，至明治 39 年（1906）3 月竣工。曾文溪鐵路橋為 21 孔單線鐵路橋梁，全長約 709 公尺。當時曾文溪之主流在北部，故北部橋孔跨度較南部大，墩基亦深。[86] 昭和 11 年（西元 1936 年）曾計劃在該橋下游 15 公尺處興建新橋，因戰事日亟並未動工。直至戰後臺鐵才於民國 40 年 4 月決定於日人原選位址動工。

　　曾文溪鐵路橋工程為戰後臺灣最大橋梁工程之一，橋長 711.81 公尺，共 36 個橋孔，每孔跨度 19 公尺餘，墩基平均深 22.4 公尺。橋基墩座工程於民國 41 年（1952）1 月 20 日開工，使用水泥 2100 公噸、鋼筋 207 公噸、鋼梁 750 公噸，當時美援鋼梁未能如期運達，臺鐵還以拼裝的方式於民國 42 年（1953）6 月搶先通車，共計耗資新臺幣 576 萬元、美金 14 萬 3000 元。經過數月測試營運後，曾文溪大橋通車典禮於民國 42 年 11 月 20 日在番子田（隆田）該橋北端舉行。曾文溪大橋的通車，不僅增進行車安全與運輸效能，更有助於軍事運輸，裨益生產建設，促進臺灣政治經濟及文化之發展。交通部長賀衷寒於典禮致詞時強調，此大橋之重建工程，可說是二戰後臺灣最大的橋梁工程，其完工通車，對臺灣經濟文化之貢獻，影響深遠。為紀念曾文溪大鐵橋通車，橋頭北端立有大理石之紀念碑一座，碑分四面；行政院院長陳誠題「開物程功」、臺灣省政府主席俞鴻鈞題「永履康莊」、前任省主席吳國楨題「利涉康衢」，另一面為臺灣鐵路局局長莫衡題

立之「大橋重建碑記」。

　　民國 91 年 12 月，臺鐵開始進行官田拔子林到善化北子店的路線東移工程，該工程主要是將這段軌道高架化、減少平交道並改良線型，其中也包括興建鋼筋混凝土的第三代曾文溪鐵道橋。民國 102 年 4 月 29 日到 4 月 30 日進行東正線永久軌軌道切換，同年 6 月 27 日到 28 日辦理西正線永久軌軌道切換，之後臺鐵縱貫線列車便完全改走第三代曾文溪橋。曾維繫國內南北經濟的大動脈曾文溪二代橋，在服役近半世紀後正式功成身退。

　　曾文溪鐵路橋是臺南境內唯一的三代共存鐵道建設景觀，除見證鐵道的歷史更迭，鐵橋的營造材料、施工方法亦是工程技術史上之的重要教材。其中，第一代鐵道橋遺跡與第二代鐵道橋已於民國 97 年 11 月 10 日以「曾文溪鐵道舊橋遺蹟」名稱公告為臺南縣歷史建築，後因臺南縣市合併改為臺南市歷史建築。[87]

曾文溪鐵路橋同時可見三代共存鐵道建設景觀

第一代曾文溪鐵路橋橋墩遺構

第二代曾文溪鐵路橋

第二代曾文溪鐵路橋鐵軌遺構

急水溪鐵路橋

急水溪幹流流經臺南市白河區、新營區、鹽水區、學甲區、柳營區、東山區、北門區、後壁區、六甲區、下營區等溪北行政區，主要支流有六重溪、龜重溪等。急水溪鐵路橋跨越急水溪，連接新營車站與柳營車站，縱貫鐵道臺南嘉義區段施工時，急水溪橋梁工程係明治35年（1902）4月19動工興建，明治36年（1903）4月20日竣工，全長111公尺，橋體構造為磚石混合砌疊。[88]

臺灣鐵路局配合水利防洪計畫，於民國74年5月重建新橋梁，即現在通行之鐵路橋。

八掌溪鐵路橋

八掌溪為臺南市與嘉義縣界溪，明治35年（1902）初路線推進到嘉義，在跨越八掌溪處所先建臨時便橋應急，長97.5公尺，2月20日試運轉，並隨著嘉義水堀頭（今水上車站）新營路段在明治35年（1902）4月20日通車而啟用。臨時橋通車前，第一代八掌溪鐵路

急水溪鐵路橋

八掌溪鐵路橋

橋於明治 35 年（1902）4 月 15 日開工興建，原名「八獎溪橋」，長
196.6 公尺，為 10 孔跨徑 60 呎的鈑梁橋，橋墩以磚、石混砌，沉箱基
礎深入河床 15 至 20 呎，38 年（1903）2 月 20 日竣工，工程包商為久
米組。[89]

　　第一代橋於大正 3 年（1914）遭沖毀，臺灣總督府鐵道部在一代
橋下游側新建第二代橋，隔年（1915 年）5 月 30 日完成，為 12 孔跨
度 19.2 公尺上承式鋼鈑梁單線鐵路橋。臺灣總督府於大正 10 年（1921）
5 月 27 日公告河川名改為「八掌溪」，因此臺灣總督府交通局鐵道部
自昭和 13 年（1938）起，將「八獎溪橋」改名為「八掌溪橋」。

二戰後，臺灣鐵路管理局自民國 56 年 9 月起分階段將縱貫線彰化民雄間、嘉義新市間之單線鐵路擴建為複線鐵路，於第二代橋下游側新建第三代橋，做為西正線（北上線）橋。三代橋使用至民國 80 年 1 月 30 日因第四代橋西正線通車後停用拆除。

第四代橋建造於第三代橋北端下游側約 40 公尺及南端下游側約 80 公尺處，民國 79 年 12 月竣工並完成南、北引道鋪軌，橋面鋪設傳統道碴式軌道，全長 297 公尺，計 15 孔橋孔。

鐵路車站

西部縱貫線鐵道在臺南市由北至南沿線的車站有後壁、新營、柳營、林鳳營、隆田、拔林、善化、南科、新市、永康、大橋、臺南、南臺南、保安、仁德、中洲等 16 站，臺灣鐵路管理局配合臺南市區鐵路地下化計畫及臺鐵捷運化政策而規劃增設永康工業區、康橋、林森等 3 個車站。

後壁車站

後壁車站位於嘉南平原，是臺南市的最北端的車站。當初建造縱貫線南段時，曾在嘉義與曾文溪之間規畫三條比較線，分別是經由鹽水的鹽水線、經由白河、東山、六甲的六甲線以及現行路線，但是鹽水方面因地方反對，及若從嘉義沿伸到鹽水的話路徑會過於彎曲冗長而放棄；而六甲方面則是人口聚落有限，不具效益所以作罷。 [90]

該車站於明治 35 年（1902）興建木造站房，同年 4 月 20 日開始客貨運業務，稱為「後壁寮乘降場」，至 6 月 1 日改為「後壁 停車場」，大正 9 年（1920）進行行政區劃調整與地名變更，「後壁寮」隸屬臺南州新營郡後壁庄，10 月 1 日車站亦改稱為後壁驛，昭和 18 年（1943）重建而成目前之站房。大正元年（1912）時，關子嶺軌道株式會社曾

後壁車站

後壁車站候車室

鋪設後壁到關子嶺的輕軌以利兩地之間的交通運輸，後壁車站是前往關子嶺溫泉的下車站。[91]

　　二戰後改稱後壁車站，原為三等站，因乘客人數逐年減少，於民國 90 年 6 月 2 日降為甲種簡易站，並指定由新營站管理，主要停靠區間車。民國 106 年 2 月 8 日後壁車站站前轉乘環境優化工程完工，將站前廣場打造為公車接駁、大眾運輸轉運中心，並融入後壁當地特產元素。

　　後壁火車站是臺灣僅存幾棟日式木造火車站之一，深具美感與時代意義，可為臺鐵發展史留下歷史軌跡，原臺南縣政府於民國 94 年 3 月 18 日公告登錄為歷史建築。

新營車站

　　縱貫線採南北二線同時興建的施工方式，明治 34 年（1901）12 月
16 日設立新營庄停車場，為新營車站第一代木造站房，臺南新營間完
工通車，新營庄停車場開始營運，大正 9 年（1920）隨地方官制調整
而於 10 月 1 日該稱新營驛。後因原木造站房不敷使用，於昭和 10 年
（1935）重建，站房結構係選用當時逐漸流行的水泥磚造結構，新營
站結構也選用此型式取代以往木造結構的設計，基座及牆面均為磚造
結構，梁柱為鋼筋水泥而屋頂部份則以瓦片覆蓋。

　　及至二戰後改稱新營車站；後來因列車班次逐漸增加，站體空間
不敷使用，民國 53 年（1964）擴建第二代站房，之後應硬日漸增加客
貨運輸，乃於民國 65 年改建，即今所見第三代方形鋼筋水泥建築。為
平衡地方發展，於民國 106 年 8 月 11 日起動工興建新營後站，第一階
段後站站體及連結地下道、電梯等工程於民國 108 年 1 月 30 日完工啟
用；後續計劃第二期車站周邊廣場綠美化工程及公廁新建工程，以解
決上下班尖峰時間的交通阻塞以及擴大都市發展。現為一等站，管理
後壁車站與柳營車站。

　　縱貫線的敷設讓新營與鹽水二地產生易位效果，新營取代鹽水港
成為鄰近地區之交通中心。交通建設的投入伴隨而來的是經濟與政
治地位的提升，如鹽水港製糖株式會社之後就於新營庄設立工場並將
總社遷移至此，以後陸續有紙漿、製油等會社於新營設立。大正 9 年
（1920）新營二字又取代鹽水港成地方行政區名（新營），新營並為
郡役所之所在，鹽水反倒成為其轄下的市街，昭和 8 年（1933）新營
庄升為新營街，二戰後，新營又升格為臺南縣政府所在地，成為縣治
及溪北經濟文教中心。

　　新營車站前方道路是以站前圓環為中心呈放射狀分布，市內開元、
大同、三民、中山、新進等多條重要通路都由圓環輻射而出。此外，

新營車站

新營車站前圓環

早期臺灣汽車客運及糖鐵在新營車站兩側各設有車站，新營客運總站及協成客運車站亦位於圓環邊，臺一線省道則位於站場東側，眾多通道與交通工具的匯聚，印證新營站前是早期新營對內與對外的交通中樞，站前區域並因縱貫線的開通而聚集眾多的貨運行社及旅社、商店，熱鬧一時。然而在高速公路開通後，貨物運輸逐漸轉型，鐵路客貨運均不敵公路運輸而逐漸沒落，連帶也造成站前的貨運、倉儲、旅社等商業活動的消退，曾是新營重要交通樞紐地的站前區域已不復當年風光。[92]

柳營站月臺

柳營車站

　　日治時期縱貫線並未在柳營設站，民國 49 年（1960）6 月 1 日因旅客需求，於新營至林鳳營間增設柳營簡易站，歸新營站管理。柳營站設站之初即以輸運當地通勤上班族及學生為主要目的，所以停靠車輛多為通勤電聯車及平快車，今只停靠區間車。

　　柳營站早期的木造售票亭及候車室係直接設立於月臺上，後來再於民國 72 年 3 月 20 日重建為現今使用之水泥磚造站房。[93]

林鳳營車站

　　林鳳營車站設站時間與新營站同，均為明治 34 年（1901）12 月 6 日，初為乘降場，隔年 6 月 1 日改設停車場，之後停車場雖再改稱驛及車站，但是站名林鳳營三字均未曾改變。目前所見到的木造林鳳營車站為昭和 18 年（1943）改建，與後壁車站同時，建築樣式與配置亦與後壁車站雷同，如高臺屋頂、牆身、廊柱均近乎一致。

　　該站本為三等站，但因乘運人數逐漸縮減，因而於民國 89 年（2000）6 月 30 日降為甲種簡易站，由隆田車站派人負責管理。林鳳營站目前停靠車輛以電聯車及平快為主，搭乘者以當地通勤上班族與學生居多。由於車站本身保有日式小站風格，加上附近就有兩座關於蓮花的參觀園區，六甲區公所為充分運用百年車站及其周圍景觀風貌，於民國 106 年提報「臺南市六甲百年車站周邊人行步道及自行車道興

建工程」計畫獲得補助，並已於民國 107 年 10 月 26 日施工完成，在保留既有行道樹之原則下，營造舒適及優美休閒環境。

　　林鳳營火車站是臺灣僅存幾棟日式木造火車站之一，深具美感與時代意義，原臺南縣政府於民國 94 年 3 月 18 日公告登錄為歷史建築。[94]

林鳳營車站

林鳳營車站候車室的舊式長條木椅

隆田車站

隆田車站

　　明治 35 年（1902）4 月 20 日設立番仔田乘降場（招呼站），同年
6 月 1 日起改為番仔田停車場，但不久後於 37 年（1904）3 月 31 日時
便裁撤了，但於明治 38 年（1905）5 月 15 日時又恢復營業。大正 9 年
（1920）10 月 1 日改稱番子田驛，民國 44 年（1955）3 月 1 日再改為
隆田站。

　　隆田站今日所見的水泥磚造站房係於民國 47 年 6 月 2 日重建完工，
雖然站房為二戰後改建，但外觀型式仍有少許日治時代建築風貌。因
應業務需要於 74 年時增建站內旅客地下道及遷移行李房，並由二等甲
站改為二等站。為加強車站服務品質於 89 年初時實施電腦連線售票，
民國 91 年時再由原臺南縣政府出資整建站前廣場及新建站前圓環。民
國 112 年 8 月 5 日增設後站。[95]

拔林車站

拔林車站

　　拔林車站在明治 34 年（1901）12 月 16 日即已設站，初為拔仔林乘降場，隔年 6 月 1 日改為停車場，明治 37 年（1904）蓄仔田停車場遭到廢除，不過到了隔年兩站命運倒轉，蓄仔田停車場復站，拔仔林停車場反遭廢站，這一廢就是 60 多年，直至民國 61 年 11 月 3 日才又重設拔林站。重設之拔林站為招呼站，民國 62 年 10 月 10 日改為簡易站，歸隆田站管理。⁹⁶

　　拔林車站為簡易站，因此停靠車輛只有電聯車和平快車，客源則以當地的學生及通勤者為主。車站擁有月臺兩座，左右各有一座候車亭，月臺間則以天橋加以連通。站房最初位於東側月臺上，樣式為斜屋頂木造平房，民國 74 年 9 月後，才在拔仔林陸橋下建立新站房，新站房為鋼筋水泥建築，形式單調。

善化車站

善化車站

明治 34 年（1901）5 月 15 日設置灣裡驛，大正 9 年（1920）10
月 1 日採用明鄭時期善化里之名，將灣裡改稱為善化庄，灣裡驛也改
稱為善化驛。

戰後，從民國 36 年（1947）1 月 1 日至 37 年 9 月期間，該站隸屬
事務段第五段，等級為第二等乙站，民國 37 年 10 月 18 日起則改隸屬
運務處嘉義運務段。民國 70 年 5 月 1 日善化站由二等乙站升為二等甲
站，至民國 71 年 2 月 16 日起因運務段合併，改隸屬高雄運務段，現
屬二等站。

初設時的灣裡驛為木造站房，車站面積狹小、設備簡陋，四周為
空曠原野。隨著時代的變遷，車站業務量增加，遂於民國 52 年 5 月 17
日將舊站房改建成鋼筋水泥式平房，車站的空間有候車室、售票房、
辦公室、公廁等。民國 74 年再擴建延伸，增設行李房、行車室、站長
史等空間。

善化車站為臺鐵重要車站之一，由於多年來工商業殷盛繁榮，人口大幅增加，鐵路運輸仍扮演重要的角色。目前主要停靠的車種有莒光號、復興號及通勤電聯車，並有部分的自強號停靠。在善化車站搭車的民眾大抵以善化地區及鄰近安定、大內、山上通勤上班族與學生為主。

早期善化車站兼營貨運業務，鄰近的善化糖廠、成功啤酒廠、益華沙拉油廠皆是主要的客源。善化糖廠的貨物經糖鐵善化線運至火車站後，再轉臺鐵運送至他處。成功啤酒廠所生產的啤酒，由卡車運至車站的鐵道倉庫，再轉臺鐵配送至全臺。此外，善化站還敷設一條側線通往益華沙拉油廠，將高雄碼頭所卸下的大豆等原料，直接運送進廠生產。之後，貨運業務因公路競爭，失去昔日優勢，遂遭停辦。[97]

南科車站

南科站

民國 97 年當時之臺南縣政府及交通部觀光局在南科特定區 LM 區陽光電城舉辦 2008 年臺灣燈會、以及疏解南科聯外運輸，在臺南縣政府要求下提前設站，並由縣府墊付工程款。然而由於時間急迫，先設燈會臨時站，

南科車站月臺

僅有鋼構月臺，燈會結束後，於民國 98 年動工改建為正式站，隔年 1 月車站工程完工，生為簡易站。

　　南科車站位於臺南科學園區西拉雅大道跨越臺鐵高架橋下南側之跨站式車站。車站出入口設於新市區，副站名為臺南科學園區。車站設計之初，即配合南科太陽能產業，以太陽能作為電力來源，是臺鐵首座太陽能源車站。[98]

新市車站

　　明治 34 年（1901）5 月 15 日起設立新市街驛，同日起臺南灣裡今善化間完工通車，大正 9 年（1920）10 月 1 日改為新市驛，為提高行車效率分別於昭和 18 年（1943）將新市臺南間完成新市善化間雙軌化。

　　新市站初設站為一座木造站房，因設備簡陋狹隘，於大正 12 年（1923）3 月 30 日時將站房改建為磚造瓦頂，其餘仍為木造結構。民國 74 年 8 月新建第一月臺石綿瓦雨棚，民國 77 年 5 月再增建第一、二月臺鋼筋水泥雨棚及地下道，因站房已老舊狹隘，於民國 84 年時拆除重建，民國 85 年 6 月落成啟用。[99]

　　新市站為新市區、南科、新化區等地重要門戶，亦有公車可到新化、南科、鹽行、善化、山上、麻豆等地。本站位於市區南緣，距市區稍有距離。臺南市政府交通局亦規劃「臺南鐵路立體化延伸至善化地區可行性研究」，新市車站將於計畫中遷移並改建為高架車站。

新市車站

永康車站

永康車站

　　明治 36 年（1903）3 月 10 日，於基隆起 352.7 公里附近設立蔦松庄停車場，但於明治 37 年（1904）3 月 31 日即裁撤，當時的蔦松庄停車場係位於今永康區蔦松里內。大正 14 年（1925）11 月 18 日，在原蔦松庄驛舊址附近設立永康信號場（號誌站）只辦理行車業務，昭和 7 年（1932）12 月 15 日改為永康停車場後開始增辦客、貨運業務。

　　日治時期永康人口大部份係集中於山側居住，為配合地方發展及便利，於昭和 16 年（1941）11 月 1 日於山側處（即現址）新建站房落成，當時因缺乏電燈等設備，而延後至昭和 17 年（1942）3 月 5 日才正式將業務遷移至新站房內辦公及營運。

　　戰後改為三等站，民國 74 年 7 月 1 日時升為二等站，約同時開始停靠復興號列車，因車種應用之變更，於民國 89 年 10 月 20 日首度增停莒光號列車，民國 98 年 6 月 16 日起再首度增停自強號列車。永康站初設站時之木造站房，係完成於昭和 16 年（1941 年）11 月 1 日，

使用不久後，於昭和 17 年（1942）3 月 15 日時改建為水泥磚造瓦頂結構站房，由於站房已呈老舊而狹隘，於民國 78 年 11 月 14 日拆除重建，並於民國 80 年 3 月 4 日竣工啟用。[100]

永康站為二等站，過去曾有臺糖公司糖業鐵路支線通往永康糖廠，當時糖廠鐵道北可達臺南鹽水區岸內糖廠，南可至屏東市；現在已隨糖廠關閉而廢止。目前站內分別設有統一支線鐵道（統一企業運輸專用）及大成支線（大成食品運輸專用），但因高雄臨港線已無貨運功能，黃豆、玉米等原物料不再以穀斗車運載，故軌道雖仍存在，但均已不再行駛；另外亦設有中油永康油庫支線，至今軌道依舊留存，亦已無列車行駛。

永康站原是一個默默無名的小站，因「永保安康」紀念車票而聲名大噪，「永保安康」紀念車票因有祝福的美意，成為民眾收藏的熱門紀念物。

大橋車站

因應旅客及鐵路捷運化計劃之需求，於永康至臺南間增設大橋站，大橋站係南部地區設立的首個捷運化車站。車站主體於民國 90 年 6 月 5 日舉行開工典禮，於民國 91 年 8 月竣工，同年 10 月 4 日正式啟用，定位為簡易站只停靠區間車。於 91 至 92 年時均由臺南站派員到站服務由上午六時至晚上十時，由於旅客甚多，雖然為簡易站，但自 93 年起也改為 24 小時派站員服務。

大橋站的設計在外觀看來有如一座神殿似的非常特別，外表由磚紅色磁磚與灰色洗石子搭配而成，月臺與天橋用色極為活潑鮮豔，顏色由橘、藍、綠三色組合而成，施工單位還特別將電車線的電桿漆上鮮豔的橘色作為裝飾，擺脫一般電桿只有水泥面的呆板印象，也為所有車站中僅見的設計。車站即位於臺 1 線永康陸橋下方，附近商業繁

大橋車站

盛、高樓林立，且有大專院校與軍營。因客源眾多，雖僅停靠區間車，運量仍居臺南市境內第三大站（僅次於臺南、新營），業績優良。

臺南車站

臺南火車站舊稱臺南驛，創建於日明治 33 年（1900），原是大型的木造洋式建築。後因運載量增加，於昭和 11 年（1936）改建為鋼骨鋼筋混凝土建築，由臺灣總督府交通局鐵道部改良課設計，池田組施工，為目前僅存的日治時期兩層樓火車站建築。

改建後的臺南車站為二層樓的建築，二樓規劃成「鐵道飯店」共 9 間房間，西洋式的套房設計成為當時臺南首屈一指的飯店，也是全臺唯一設有旅館的火車站，日本皇室在南下訪察時也下塌此處，鐵道飯店於光復後改名為「鐵路飯店」，原有的旅館及餐廳亦同時保存了下來，但民國 54 年抵不過雨後春筍般陸續興建的現代化飯店，旅館部宣布停止營業，虧損連連的餐廳部也於民國 75 年結束營業。[101]

　　原於臺灣省政府時期被定為省定古蹟的臺南車站，於民國 87 年 12 月被內政部指定為國定古蹟，臺灣鐵路局為重現臺南車站風華面貌，特別編列預算進行古蹟的修復及再利用，在臺北鐵道旅館被拆除後，位於臺南車站樓上的飯店成為全臺唯一僅存的鐵道旅館，國定古蹟臺南火車站於民國 106 年啟動修復，原訂民國 110 年完工，未料承包商於修復過程未經變更審議逕自施作，致古蹟外牆磁磚等文物損壞，遭文化部勒令停工，以致工程延誤。

第一代木造臺南車站／臺灣拓殖畫帖刊行會，《臺灣拓殖畫帖》，1918。

臺南車站

南臺南車站

南臺南車站

設立於昭和 8 年（1933）10 月 20 日之試驗所前乘降場，可視為南臺南站前身，為僅停靠汽油車之通勤車，昭和 18 年（1943）10 月 17 日設置南臺南停車場，二戰末期遭炸毀。

民國 39 年重新建築，是現存日式磚造建築的車站，過去曾是專辦貨運的貨運站，於民國 80 年正式廢止。隨著臺鐵捷運化及臺南市區鐵路地下化計畫的進行，預定恢復此站之客運業務，預計民國 113 年 12 月完工通車。[102]

保安車站

保安車站原名車路墘驛，原本位於南方 1.5 公里處，後來因為車路墘製糖所（仁德糖廠）的運輸需要，於明治 42 年（1909）遷移到現在的位置。根據臺鐵權威網站「驛站之旅」所述，保安車站的木造站房建於昭和 3 年（1928），木料採用阿里山的檜木，品質優良，使用至

保安車站

今仍是歷久彌新。戰後，因為村莊境內有保安宮而將車路墘改名為保安村，民國 51 年 12 月 15 日改名保安車站。[103] 位於寧靜小村內的保安車站在與永康車站共同推出永保安康車票之後，才讓保安車站聲名大噪，也成為不少人朝聖的地點。

保安車站候車室舊式長條木椅

保安車站是鄉間小站，為三等站，原本只有一個島式月臺，也沒有天橋，進出站要跨越軌道。因為保安車站位於縱貫線列車與沙崙線列車重疊的區域，班次密度頗高，為了待避或調度方便，並且

減少對號列車的誤點機率，近年增建 2 座月臺。第一月臺位在站房南側的岸式月臺，長度較短，專供沙崙線北上列車停靠；第二月臺是最初的島式月臺，兩邊是縱貫線主軌，提供縱貫線北上列車和所有南下列車停靠或通過；第三月臺是為方便沙崙線調度而增建，只有列車待避時才會使用。

保安車站在地方交通史上有重要價值。並且已成為鐵道文化的重要景點之一原臺南縣政府於民國 90 年 12 月 31 日公告指定為古蹟。

仁德車站

民國 98 年，為配合臺鐵捷運化政策需要，在第一代車路墘停車場舊址重設車站，同年 7 月 14 日動工興建，及至民國 103 年 1 月 10 日正式啟用，車站訂名為仁德站。仁德站本站位於保安工業區，現為簡易站，僅停靠區間車及沙崙線區間車，由中洲站管理。[104]

仁德車站

中洲車站

沙崙車站

行駛於高速公路上方的沙崙線火車．

中洲車站

明治 34 年（1901）12 月 16 日設中洲庄乘降場（招呼站），35 年（1902）6 月 1 日起改設停車場，大正 3 年（1914）派首任站長到任服務，由於旅客及列車班次增加，鐵道部於昭和 6 年（1931）將中洲大湖間；昭和 7 年（1932）中洲車路墘間路線擴建為雙軌化。

中洲站於大正 7 年（1918）的木造站房，因結構老舊而不敷使用，於民國 47 年改建為水泥磚造站房，民國 78 年再改建為鋼筋水泥站房，後因應沙崙線之興建於民國 99 年 10 月 1 日遷移至新站房，舊站房停用後也隨即拆除，同日起為配合沙崙線之通車也由原三等站升為二等站，民國 105 年 1 月 6 日起新增中洲後站出入口，以方便旅客之進出。

沙崙線的興建於民國 94 年 5 月 31 日由行政院通過預算，7 月 7 日起徵收土地完成開始興建，預定 98 年完工通車，但因二仁溪整治計劃而延後至民國 100 年才完工通車。而工程經費方面，土木工程建設經費為新臺幣 33.9 億，其中包括跨越中山高速公路工程，亦為臺鐵首次興建跨越高速公路的路線，增購電聯車 16 輛約為新臺幣 8 億元；中洲站整體改建總經費為新臺幣 3.7 億，南 160 號道路鐵路平交道立體 化工程總經費 1.7 億，合計共需 47.3 億元。民國 99 年 11 月 16 及 18 日開始開放民間試乘，12 月 22 日至 28 日進行試運轉並已完成沙崙線時刻排點，於民國 100 年 1 月 2 日起正式通車營運。臺鐵沙崙線列車取代原本搭高鐵接駁巴士，交通時間由原本 50 分鐘縮短至 22 分鐘；全程皆為高架，橫跨國道 1 號，為臺鐵捷運化轉型實例。[105]

產業鐵路

糖業鐵道

　　臺灣第一座新式製糖工場是臺灣製糖株式會社於明治35年（1902）
設立，位於高雄的橋仔頭糖廠。新式製糖工場製糖產能比起過去的糖
廍高出許多，故種植與採取甘蔗的面積乃不斷擴大。又由於必須及時
供應每日製糖的原料數量，以牛車載運原料的方式已無法滿足所需，
如何擁有更具效率的運輸工具成為首要問題。明治38年（1905）臺糖
株式會社常務理事山本悌二郎與三名技師自橫濱搭船赴夏威夷考察後，
發現其糖業鐵道的軌距為914公釐，因與臺鐵軌距相差無幾，並不符
需求。隨後，他們在茅夷島（茂宜島）的一座小型糖廠發現軌距僅762
公釐的鐵道引入臺灣，開啟之後遍布全臺的五分車登場的契機。[106]

載運甘蔗的糖鐵／伊藤輔《臺灣製糖株式會社史》，1939。

山本悌二郎等回臺後，決定在橋仔頭糖廠修築專用鐵道，以蒸汽火車搬運原料及產品。在獲得臺灣總督府同意後，陸續完成 5 條軌距為 762 公釐的路線鋪設。明治 41 年（1908）4 月 5 日，臺灣最早的糖業鐵道通車，用來載運原料及產品。隨著臺糖株式會社鋪設軌道，其他糖業株式會社紛紛跟進修築糖業鐵道。同年 7 月，各糖業株式會社在專門載運原料及產品的專用線之基礎上，進一步向總督府申請開設對外營業，載運人貨的營業線。總督府為能將這些由民間會社設立鐵路納入管理，於該年年底制定並頒布「臺灣私設鐵道規則」、「臺灣私設鐵道規則施行細則」，以及「臺灣私設鐵道營業規則」。管理規則確立之後，鹽水港製糖株式會社首先獲准於明治 42 年（1909）5 月 20 日開辦臺灣第一條對外營運路線，行駛於新營與鹽水之間的營業線。[107]

臺南境內計有臺糖廠、新營糖廠、岸內糖廠、麻豆糖廠、佳里糖廠、善化糖廠、玉井糖廠、仁德糖廠，各糖廠為配合糖業所需而興築鐵道。

烏樹林糖廠鐵路線

烏樹林糖廠，舊稱烏樹林製糖所，創立於明治 42 年（1909），東洋製糖株式會社於於此地設立新式製糖工場，稱為東洋製糖會社第二工場，位於今臺南市後壁區。昭和 2 年（1927）東洋製糖併入大日本製糖株式會社，而南靖、烏樹林製糖所則併入明治製糖株式會社。

戰後，烏樹林製糖所屬臺灣糖業公司第三區分公司，改名烏樹林糖廠，廠長林岩泉；雖因遭受轟炸攻擊廠區受損，但復舊工程相當順利，民國 35 年 1 月即復工製糖。民國 39 年改行總廠制，屬新營總廠。民國 45 年設立關仔嶺採石場，民國 51 年改制為採石工場，併入烏樹林糖廠。民國 56 年改行大廠制，屬新營總廠。民國 72 年烏樹林糖廠停閉，採石工場改隸新營總廠管理。

烏樹林糖廠的原料區、農場大多位於縱貫道路以東之後壁、白河、

烏樹林鐵道線下寮子站及軌道

東山等地,因此鋪設延伸至各區的專業線、營業線與原石運輸線鐵道。專業路線有竹子門、後壁、海豐厝、竹圍後、新港東、枋子林、頂窩、林子內等線,營業線有白河線、烏樹林線。

　　烏樹林線具有營業、專業線與原石運輸等三種線別,路線從新營一直延伸到白河農場(崁頭農場)、糞箕湖。

　　糖廠鐵路除運載甘蔗等貨物外,更提供地方民眾便利的交通服務。烏樹林線自昭和 19 年(1944)開設營業,營業線僅限新營到東山這一段,沿線設置新營(北新站)、土庫、福安、烏樹林、下寮子、東山等站,為日治時期東山及沿線居民到新營的主要交通路線。在公路尚未發達以前,五分小火車的客運業務十分便民,糖廠鐵路如同蜘蛛網一般的貫穿嘉南平原蔗田間,形成頗具特色的鄉村景觀。

　　烏樹林線由烏樹林跨越急水溪橋進入本鄉三榮村下寮仔,經番社街(今東山、東中、東正)跨越六重溪橋到白河;另一專業支線由番

社街分歧經吉貝耍（今屬東河里）、田尾（今屬聖賢里）到頂窩（今屬聖賢里）。

　　戰後，烏樹林線的客貨運輸依舊非常熱絡，係鄉民及學生前往新營市的主要交通工具。直至民國 68 年才停止客運業務。目前烏樹林線新營到烏樹林間的軌道已拆除，烏樹林到白河農場間的路線直到民國 90 年仍有五分車行駛運送原料到新營。其後新營糖廠結束製糖業務，貨運線也停駛，再加上急水溪橋下寮子端部份沖毀，東山站（遺址在民有街與中興南路交叉處）也在民國 89 年 7 月 26 日拆除如今僅留存軌道及下寮子站見證東山地區早期的交通運輸。

新營糖廠鐵路線

　　鹽水港製糖株式會社於明治 40 年（1907）設置新營工場，後改稱新營製糖所。昭和 11 年（1936）新營製糖所增設第二工場後，舊廠稱為第一工場。第二次世界大戰末期，新營製糖所遭到盟軍轟炸，由於

新營糖廠小火車

新營糖廠中興車站

受損嚴重，新營製糖所的原料只能委由岸內製糖所代壓。

　　戰後，新營製糖所第二工場勉強修復開工，但由於實在是受創嚴重，所以臺糖接受美籍製糖專家建議，將第一、第二工場合併，此外由於鹽水港製糖在臺部分被改組為臺糖第四區分公司，分公司遂設於新營，而民國 39 年（1950）臺糖改用總廠制後，新營亦為五總廠之一，轄有岸內、烏樹林、南靖、蒜頭 4 廠，直到民國 56 年（1967）改行大廠制後僅轄新營、岸內、烏樹林三廠。後來隨著制度再次調整，新營總廠成為轄有新營、岸內、烏樹林、南靖、蒜頭、麻豆、佳里、善化、玉井、永康等糖廠的大總廠。

　　園區在民國 106 年整理為「新營鐵道文化園區」盛大開園，遊客現在到此可搭乘糖鐵八翁線的糖鐵五分車，沿著 5 公里多的糖業鐵路到柳營區的八老爺牧場，欣賞嘉南平原的田園風光。

　　新營糖廠的農場和原料區分布在糖廠南邊，鐵路線以南向為主，其中大內線是最長的專用線，營業線有布袋線、學甲線、小學校線等。

台糖鹽水車站

岸內糖廠鐵路線

　　明治36年（1903）臺南糖商王雪農等人創設鹽水港製糖株式會社，於臺南州新營郡鹽水街設立新式製糖工場，為全臺第一間臺灣人創立的製糖工廠。明治38年（1905），製糖工廠正式開工運轉。戰後，民國81年，岸內糖廠停產關閉。民國107年文化部長鄭麗君宣布將岸內糖廠規劃為影視基地園區，作為專業製片廠。

　　廠內還保留製糖時期的使用器材與主體建築，鐵軌、轉轍器、五分車站、岸內神社遺址、製糖工廠、貯料倉庫、中山堂、紅樓（實驗

鹽水五分車車站是岸內糖廠搬運甘蔗和糖包而設置的鐵路線

渡子頭線鐵橋

室）、防空洞。岸內糖廠隨著時代的變遷，主要功能也更隨著改變，從日治時期的製糖產業轉型為現今的影視文化基地，在歷史的長河裡承載臺南的重要產業。

　　岸內糖廠的原料區和農場大多位於八掌溪北岸，鐵道線路往北四射分布，專業線有新岸線、白沙屯線、土庫線、渡子頭線。

麻豆糖廠

　　麻豆糖廠，原名總爺糖廠，日治時期稱為總爺製糖所，位今臺南市麻豆區。明治 37 年（1904），臺人林波等人於蔴豆堡安藔庄成立麻豆製糖會社，並於此地設立改良糖廍，壓榨能力為 60 公噸；麻豆製糖會社資本僅 5 萬圓，為南部製糖會社中之最小規模者；明治 40 年（1907）

臺糖麻 348 號火車頭.

時隨麻豆製糖併入明治製糖株式會社。明治 44 年（1911）時於溝仔墘
庄設立新式製糖工場，稱為總爺製糖所，壓榨能力為 1500 公噸，明治
45 年（1912）正式開工製糖。

　　戰後，總爺製糖所屬臺灣糖業公司第三區分公司，改名為總爺糖
廠；因在戰爭期間受到轟炸攻擊，復舊至民國 36 年才恢復製糖作業。
民國 39 年改行總廠制，改制為總爺總廠，轄有玉井、車路墘、三崁店、
總爺、灣裡、蕭壠糖廠。民國 47 年總爺、蕭壠糖廠合併，改稱為麻佳
總廠。民國 56 年改行大廠制，轄有善化、麻佳、玉井、三崁店糖廠。
民國 63 年改制，撤銷麻佳總廠，兩廠更名為麻豆糖廠與佳里糖廠，原
轄屬之糖廠改由新營總廠督導。民國 79 年 11 月麻豆糖廠停閉，併入
善化糖廠。

　　麻豆糖廠計有西港、爺崁、八分、安業、橫子林、後營、下宅子、
北勢寮、番子田（隆田）等鐵路線，其中以番子田最為重要，起於番
子田，迄於佳里。番子田線往西可銜接蕭壠糖廠北門線，往東可連絡縱
貫線，為早期北門、曾文二區重要的交通路線，擔負沿線地區客貨運
輸的重大任務。

蕭壠文化園區內的五分車鐵軌

佳里糖廠

　　蕭壠糖廠舊稱蕭壠製糖所，是明治製糖株式會社在臺灣所設立的第一個新式糖廠，創建於明治 38 年（1905）。供應製糖的甘蔗，初始階段是採收自今日佳里和周邊地區的蔗田，之後隨著業績的擴展和植蔗面積的增加，蔗田則可逐漸及於現今學甲、七股和北門境內的大片地方，初時係以牛車運載收割後的甘蔗至糖廠去提煉製糖，後來則改以俗稱為「五分仔車」的鐵路小火車以運載甘蔗。

　　戰後，蕭壠製糖所改為臺灣糖業公司第三區分公司蕭壠糖廠，而廠區在完成製糖工場整修後，及時於民國 34 年年底恢復製糖作業。民國 39 年改總廠制，屬總爺總廠。民國 57 年與總爺總廠合併，改稱麻佳總廠，蕭壠糖廠僅保留生產部門，並改稱麻佳總廠佳里工場。民國 56 年改行大廠制，仍為麻佳總廠。民國 63 年麻佳總廠撤銷，復廠更名為佳里糖廠，轄屬新營總廠。民國 74 年時改由總公司直轄。民國 83 年合併善化糖廠麻豆工場。民國 87 年製糖工場停閉，併入善化糖廠。

　　佳里糖廠計有北門、將軍、塭子內、七股、篤加、樹子腳、十一分、破平、三股子、漚汪、七股農場等專用線。番子田（隆田）線從蕭壠延伸路線到二重港，成為北門線客運路線，民國 42 年 12 月蕭壠糖廠為方便糖廠到佳里市區的交通，又鋪設該路段 1.4 公里的營業線，並設佳里車站。

善化糖廠蒸汽火車 365 號

善化糖廠

　　善化糖廠於明治 37 年（1904）由臺灣人資本臺南製糖創辦，當時日壓榨量僅 180 公噸，明治 42 年（1909）被日資臺灣製糖株式會社併購，因善化舊地名灣裡街而名為灣裡製糖所。昭和 3 年（1928）擴建第二工場，日壓榨量提升為 1,000 公噸。

　　戰後由國民政府接收日資糖業於民國 35 年 5 月成立臺灣糖業公司，改稱為臺灣糖業公司第二區分公司灣裡廠，民國 39 年撤銷分公司制成立總廠，隸屬總爺總廠。民國 49 年起配合臺糖公司十年更新計畫，逐漸提高壓榨量至每日 3,400 公噸。民國 50 年 7 月更名稱為善化糖廠民國 56 年隸屬麻佳總廠，民國 63 年麻佳總廠組織撤銷，奉令改隸新營總廠。民國 74 年直屬公司。民國 79 年 11 月兼併永康、麻豆兩糖廠，民國 81 年 11 月兼併玉井糖廠，民國 87 年 6 月兼併佳里糖廠，民國 102 年 7 月合併仁德、新營兩廠。

　　善化糖廠計有客運營業線善化線、座駕線、左鎮線，原料專用線有左鎮線、新化線、潭頂線、番子寮線、安定線、廠內線、六分寮線、東勢寮線。

善化溪美社區安定線遺構

玉井糖廠

　　玉井糖廠，舊名為玉井製糖所，位今臺南市玉井區。明治39年（1906）臺人陳鴻鳴創辦永興製糖會社並設立製糖工場，初期壓榨能力每日300噸。大正2年（1913）併入臺南製糖株式會社；昭和2年（1927）隨臺南製糖併入昭和製糖株式會社，擴充設備，將壓榨能力提高至900噸。昭和4年（1929）隨昭和製糖併入大日本製糖株式會社，改名為玉井製糖所。

　　戰後，屬於臺灣糖業公司第一分公司玉井糖廠，民國36年9月改隸第四分公司。民國39年改行總廠制，屬總爺總廠。民國56年改行大廠制時，仍隸屬麻佳總廠。民國81年併入善化糖廠，民國84年製糖工場停閉；民國103年由臺灣糖業公司臺南區接管，現在場區已荒廢。

　　玉井糖廠計有玉玉左線、楠西線、斗六線、龜丹線、旺萊宅線、舊灣丘線、新灣丘線、密枝線、沙北線、北寮線、廠內線、沙子田線、坑內線、三埔線、竹頭崎線、二重溪線、鳴頭線、內宵里線廠內線。其中玉左線自玉井以達左鎮，並銜接灣裡糖廠之善左線，該線於民國42年通車，民國43年7月1日改為正式營業線。

玉井糖廠蒸汽火車350號

日治時期之仁德糖廠

仁德糖廠

　　明治 42 年（1909）臺灣製糖株式會社成立車路墘製糖所，隔年開工生產。二戰末期，車路墘製糖所雖未直接受到盟機轟炸，但間接影響設備失修及蔗作廢耕，製糖設備雖尚完整，但廠房等設備乃屬殘破不堪，尤其蔗園荒蕪、原料生產失調更為嚴重。

　　戰後，民國 35 年 5 月 1 日臺灣糖業公司成立，車路墘糖廠廠隸屬第二區分公司管轄，民國 39 年 7 月本公司撤銷區分公司制，本廠劃歸總爺總廠督導。民國 47 年 7 月總爺糖廠改為麻佳總廠，為推行大廠制將三崁店糖廠併入車路墘糖廠，改稱「車崁糖廠」，仍歸麻佳總廠督導。民國 56 年 7 月本廠組織調整，三崁店部份業務劃出獨立，恢復車路墘糖廠名稱，改隸高雄總廠管轄。民國 58 年 8 月配合所在地鄉名更改廠名為仁德糖廠，組織照舊。民國 64 年 6 月高雄糖廠撤銷，仁德廠改隸屏東總廠督導。民國 92 年 7 月仁德廠關廠併入善化糖廠，93 年 9 月由臺南區處接管，廠區部分倉庫出租給十鼓文創股份有限公司。

　　仁德糖廠的專用線有臺南線、中州線、本州線、阿蓮線、埤仔頭線、大灣線、二甲線、大岑線、沙汰線、沙崙線、新埔線、三角線等鐵路線，其中臺南線也有營業線的功能。營業線有關廟線，從關廟市區到臺鐵臺南站東南方，兼辦客貨運輸，對新豐區一帶的交通貢獻極大。

日治時期的永康糖廠

永康糖廠

　　永康糖廠前身可溯及怡記洋行成立之「ベイン商会」（The Bain & Company）於明治 39 年（1906）在今永康三民里三崁店所設製糖場。該糖廠於數度轉手後歸臺灣製糖株式會社所有。民國 39 年改行總廠制，屬總爺總廠管轄，民國 47 年與車路墘糖廠進行合併，並改稱為車崁糖廠，由麻佳總廠管轄。民國 56 年時再次改制，車崁糖廠分離為車路墘糖廠與三崁店糖廠；同年擴充製糖設備後，壓榨能力提升至 1800 公噸。民國 58 年依行政區更名為永康糖廠。民國 63 年麻佳總廠撤銷後，永康糖廠改為新營總廠管轄。民國 74 年改由公司直屬管轄。民國 79 年11 月，製糖工廠停閉，業務皆併入善化糖廠。

　　永康糖廠計有爺崁線、海寮線、六塊寮線、安順線、省線聯絡線、媽祖廟線、大灣線、本淵寮線、新寮線、和順農場線、道爺線、看西線、安平線、六甲頂線、土城子線、場內線、頂溪寮線、太爺線、橋頭東線、新市線、大洲線、永康線、西勢線等。

鹽場鐵路

　　日治時期，由於臺灣西南沿海鹽場附近大多水淺，無法讓大型船隻靠岸運輸鹽，主要靠陸上運送，因而開始在鹽場內鋪設鐵路，為臺

東太子宮轉運臺

灣鹽業鐵路之始。戰後，臺灣製鹽總廠（今臺鹽公司）利用美援於民國 41 年開始改善布袋與七股鹽場內的鐵路運輸系統，而在民國 43 年 3 月，七股鹽場內部鐵道與臺糖鐵道接通，在臺糖、臺鐵與高雄港務局的協助下，從此可以在將鹽用糖鐵運至東太子宮轉運臺後轉由臺鐵經縱貫線鐵道運至高雄港出口，而布袋鹽場亦依循此模式出口鹽產。之後在民國 44 年與 51 年間，高雄鹽場與臺南鹽場也開始鋪設鐵路系統。臺南安順鹽區在民國 45 年 3 月完成與糖鐵接軌的鐵路系統後，亦可將鹽運到新營再轉運到高雄港出口。然而在民國 55 年，由於工業用鹽需求日增，而停止了鹽的出口，此一運輸模式也失去了作用。[108]

　　民國 76 年 2 月，七股鹽場的鹽鐵停止運作，於民國 78 年拆除鐵軌，而除了兩臺日治時期的 6 噸機關車頭外，拆除的鐵軌與 8 噸機關車頭均轉給布袋鹽場，而布袋鹽場的鹽鐵則維持到民國 84 年 8 月 18 日停駛後才拆除。

　　臺灣鹽鐵主要用來搬運、集中鹽場裡的鹽，過去曾與糖鐵相連經轉運後走臺鐵運送到高雄港出口。而除了運送鹽之外，在戰後初期鹽場缺乏自來水管線以及公路運輸尚不普及時，鹽鐵也擔任運送水與鹽工的交通工具，直到 1950 年代為止。

輕便軌道

　　日治時期臺南市區通往鄰近地區有闢建幾條輕便鐵路。據大正 7 年（1918）〈臺南市全圖〉標示，當時的輕便鐵道路線有：

　　一是從臺南車站前到安平，由東往西，沿今成功路，左轉西門路，再右轉民生路往安平，這條輕便軌道是日本時代臺南至安平的主要交通工具，昭和 15 年（1940）左右才被拆除，是許多老安平人的記憶。

　　一是從城區通往鹽埕一帶，起點在西門路與民生路口北側，沿西門路往南，出小西門往鹽埕。

　　一是通往關廟的有輕便鐵路，通過東門城南邊，走今慶東街，到

七股溪鹽鐵遺構

七股區西寮鹽鐵遺構

現存放七股鹽山的運鹽機關車

臺鹽隆田儲運站　　　　　　鹿耳門社區重現安順鹽場南寮支線鹽鐵

日治初期臺南市輕便軌道路線圖／山崎直方《大日本地誌》，1915。

光華街路口的愛護寮，由東門幼稚園後面，沿臺灣府城垣，經今樹林街鐵路地下道，直到東市場。

　經營輕便車的公司，為辛西淮創辦的「臺灣輕鐵株式會社」，公司在成功路、西門路三段路口，今華南銀行北臺南分行位址；二戰後「臺灣輕鐵株式會社」轉型為興南客運。

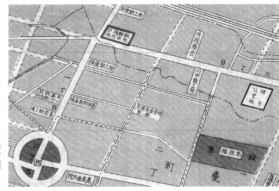

臺灣輕鐵株式會社位置圖／〈大日本職業別明細圖〉，1936。

高速鐵路

臺灣興建高速鐵路的構想始於民國 63 年（1974）之「發展建築超級鐵路專題研究」，但因當時中山高速公路甫竣工通車，因此未積極續予推動興建高速鐵路。之後有鑑於臺灣西部日益增加的城際運輸需求，交通部於民國 76 年辦理「臺灣西部走廊高速鐵路可行性研究」，民國 79 年經行政院核定「臺灣南北高速鐵路建設計畫」，臺灣高速鐵路的籌建進入執行階段。當時規劃於 6 年內完成，但是由於經費來源及採用的系統規格等前置作業的時間過長，使得興建工程遲至民國 88 年才正式啟動，而辦理方式也由原本的政府逐年編列預算改為民間投資參與。[109]

民國 88 年動工後原本預定民國 94 年 10 月 31 日完工通車，但由於機電、號誌工程與試車進度大幅落後，通車時程因此延後一年。民國 95 年 10 月又因獨立驗證報告未能及時完成而再次延後，直到同年 12 月 24 日交通部核准其通車。民國 96 年 1 月 5 日通車並進行試營運，2 月 1 日開始正式營運，營運區間為板橋站—左營站；臺北站—板橋站路段因工程延誤，民國 96 年 3 月 2 日才正式納入營運區間。民國 105 年 7 月 1 日南港站—臺北站路段正式納入營運區間，象徵高鐵全線開業。

臺灣高速鐵路，通稱高鐵，是臺灣的高速鐵路系統，全線縱貫臺灣人口最密集的西部地區，路線全長 350 公里；全線共設置南港站、臺北站、板橋站、桃園站、新竹站，苗栗站、臺中站、彰化站、雲林站、嘉義站、臺南站、左營站 12 個車站。

高鐵由北至南行經後壁、新營、柳營、六甲、官田、善化、新市、永康、歸仁等 9 個行政區，高鐵臺南站於民國 96 年 1 月 5 日通車營運，

臺南高鐵站及接駁車

位於歸仁區沙崙里，緊鄰臺鐵沙崙站，遊客可方便轉乘高鐵與臺鐵。

　　站體是由宗邁建築師事務所設計、清水建設施工，建築設計以「地景共生」為設計理念，運用斜面屋頂由西向東包覆成完整立面。車站內部柱列以樹枝狀桁架結構矗立、藉此延伸室外之自然景觀，並應用挑簷、複層玻璃、及百葉等建築材料，呼應嘉南平原的氣候與傳統閩南式建築特色。

　　臺南站作為特定區的地標建築，車站建築同時傳達新型態運輸的高科技形象及嘉南當地的地域精神，而這些特質反映在車站建築的材質、造型、及空間形式上。站區建築量體設計以「地景建築」為其主要設計概念，藉由西向東斜面逐次而上的量體，斜向水平延伸的金屬屋頂，將車站與月臺之屋頂與環境地層在視覺上作一水平連接，使車站建築融入嘉南平原地景中，以闡述新型態交通系統與地景共生之設計理念，提供都市環境之涵構與地景藝術。

　　外殼以彩鋼及玻璃作為主要材質，以傳達高鐵車站所代表的新時代、新形態運輸之角色。同時並藉挑簷、複層玻璃，及百葉等設計元素，

臺南高鐵站外殼以彩鋼及玻璃作為主要材質

以呼應嘉南平原的氣候特色，減少建築外殼耗能，同時並採用符合環保精神可回收再利用的外殼與結構建材，並藉開窗設計適度達成室內自然通風，以符合 21 世紀的綠建築設計精神。

　　建築空間造型設計表達自然、科技、人文整合之新世紀室內觀，強調建築室內與室外溝通，在室外藉大挑簷屋頂營造半戶外空間，並強調出建築的地標及公共性格，而在室內及月臺區域則以樹枝狀矗立之室內露明結構柱列、及橢圓形天窗為主要空間造型元素，樹枝狀結構柱象徵室外林蔭空間意象之延續，而屋頂上剖空橢圓天窗則喻含自遠古以來歷代建築對「天圓地方」理念之自然呈現。[110]

高鐵花魁車

高鐵行經官田區葫蘆埤

高速鐵路臺南站進出旅客人數統計表

時間	進站		出站	
	總計	臺南	總計	臺南
96 年	15,555,656	1,238,461	15,555,656	1,233,541
97 年	30,581,261	2,294,485	30,581,261	2,331,412
98 年	32,349,260	2,380,625	32,349,260	2,400,295
99 年	36,939,596	2,647,425	36,939,596	2,673,312
100 年	41,629,303	2,878,213	41,629,303	2,937,442
101 年	44,525,754	3,051,072	44,525,754	3,107,040
102 年	47,486,859	3,256,954	47,486,859	3,298,527
103 年	48,024,758	3,302,397	48,024,758	3,358,420
104 年	50,561,878	3,457,119	50,561,878	3,487,578
105 年	56,586,210	3,673,955	56,586,210	3,687,547
106 年	60,571,057	3,951,654	60,571,057	3,965,295
107 年	63,963,199	4,152,206	63,963,199	4,168,617
108 年	67,411,248	4,335,430	67,411,248	4,337,986
109 年	57,238,942	3,652,977	57,238,942	3,634,920
110 年	43,459,558	2,863,467	43,459,558	2,843,727
111 年	54,162,008	3,714,991	54,162,008	3,663,528

資料來源：交通部統計查詢網

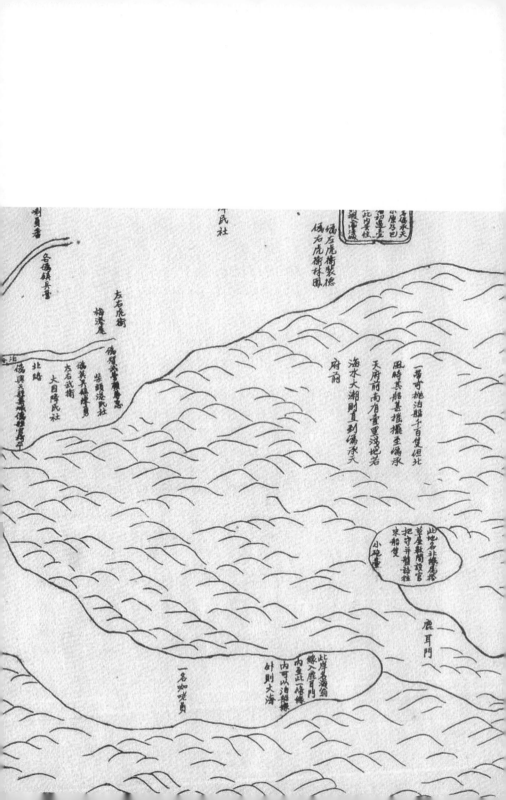

03

水路與航空

臺江到安平港

臺江港道變遷

　　據地理學者張瑞津等人的研究，「臺江內海」至少早在距今1200年前的史前時代就已經形成。[111] 在荷蘭時期、明鄭時期的輿圖或文獻雖有標繪內海圖，但一直都沒有提到「臺江」這個名稱，臺灣首任知府蔣毓英（生卒年不詳）《臺灣府志》卷之二〈敘山・臺灣縣山〉云：「打狗山（在凹底山南，其山距海岸，上有大潭、石洞，為安平鎮七崑身之宗）逶迤而北為七崑身（自打狗山蜿蜒而亙西北，共結七峰，有蛛絲馬跡之象，其山並無硬石，俱皆沙土生成，然任風濤飄蕩，不能崩陷，上多生荊棘雜木，望之有蒼翠之色；外係西南大海，內係臺灣內港，周圍里許，宛在水中央，採捕之人多居之）、六崑身（自七崑身脫下，相去里餘）、五崑身（自六崑身脫下，相去里許）、四崑身（自五崑身脫下，相去里許）、三崑身（自四崑身脫下，相去里許）、二崑身（自三崑身脫下，相去里許）、一崑身（自七崑身至此，相踞十餘里，其山勢如員珠遞下，不踈不密，每山麓各有民居，雖在海洋之中，而泉之甘冽，較勝於臺灣府街。安平鎮城即構在此山之下，偽時居民千餘家），皆為鳳山縣所轄山也。……西至海有曰海翁堀線（在府治西北海洋中，浮有沙線一條，線南有一港，港口內一大澳甚深，名為海翁堀，凡過洋之船皆泊此候潮或避風）、曰鹿耳門（在臺灣，港口形如鹿耳，鎮鎖水口，其港又甚隘，下有隱石，行船者皆以浮木植標誌之。見扼塞志）、曰北線尾（在鹿耳門南，與鹿耳門接壤，其南即安平鎮也，離安平鎮不及里許，中一港，名大港，紅毛時甚深，夾板船從此出入，今　），南與安平鎮七崑身會，是又府治水口羅星也。」[112]

臺江內海的水域／〈康熙臺灣輿圖〉，1722。

　　蔣毓英《臺灣府志》雖沒有記載「臺江」一詞，卻已提到「臺灣內港」，而且對臺江內海海域附近的沙洲記載相當清楚。康熙 61 年（1722）《康熙臺灣輿圖》可以看出，自安平鎮往南，共有七座沙崙，係由沙土生成者，面積越往南越漸縮小，位置越往南越漸接近臺灣本島，分別是一鯤身至七鯤身。由安平鎮往北，相隔之第一座沙汕稱為北線尾（本汕尾），再往北，相隔之第二座沙汕稱為鹿耳門。換言之，南起七鯤身，北迄鹿耳門，在這些沙汕鏈與臺灣本島間所環繞形成的海域就是「臺灣內港」，也就是清朝時人對「臺江內海」狹義的說法。直到康熙末年朱一貴事件後，「臺江」一詞的稱謂首度出現在文獻上，藍鼎元（1680-1733）《東征集》載：「惟丙午之大捷，收鹿耳與安平。戰艦蝟泊於臺江，弁兵雲屯乎城闕。」[113] 這時「臺江」一詞仍然是指南起七鯤身、北迄鹿耳門與臺灣本島之間的海域，特別是安平與鹿耳門之間的海域，而當時藍鼎元率領清軍戰船與朱一貴戰艦亦多集中此

荷治時期的大員港 / 臺灣總督府內務局《史蹟調查報告第二輯》，1936。

處對峙，所以臺江古戰場實為昔日兵家必爭之地。

　　廣義的臺江內海水域有多大呢？范咸《重修臺灣府志》卷一〈封域・山川〉云：「臺江，在縣治西門外。大海由鹿耳門入，各山溪之水匯聚於此。南至七鯤身，北至蕭壠、茅港尾。」[114] 指出臺江的水域範圍，南起七鯤身，北迄蕭壠，東至陸，西達沙洲，包括今臺南市安南區全部、部分的安平區北部、中區、西區、南區、七股區全境、局部的將軍區、佳里區、西港區、安定區、新市區、永康區等，以及高雄市茄萣區北側的局部。吳建昇〈道光三年以前臺江內海及周圍地區歷史變遷之研究〉一文亦指出，「臺江內海」為過往以來臺灣西南沿海諸多內海之一，為由一濱外沙洲及陸地所圍成的潟湖，北起歐汪溪口，

南至二層行溪口。在諸多內海中範圍最大，地形與環境變遷最為顯著，更是臺灣本島最早拓墾的重要地點之一。[115]

荷蘭領臺時以熱蘭遮城（zeelandia）為行政、軍事及商業中心，據周元文《臺灣府志》所載：「崇禎間，荷蘭人居臺，亦舍澎湖；惟建臺灣、赤嵌二城（臺灣城，今安平鎮城；赤嵌，今紅毛樓，規制甚小，名城而實非城。設市於臺灣城外，遂成海濱一大聚落。」[116] 由於安平的陸地狹小，城堡的西北側皆臨海，只有東側高處適合居住，漢人聚集而逐漸形成大員市鎮，即現在延平街、效忠街、中興街一帶，係安平最早的聚落，大員港已是貿易大港。

鄭成功擊退荷蘭人後，臺灣始稱安平。原來在荷據時期的棋盤式聚落，因受戰火波及，漸漸轉移到今石門國小一帶形成聚落。鄭氏並在此設為水師重鎮，故安平除了貿易港口外，也成了政治、軍事重鎮。

清朝將臺灣收歸版圖之後，臺灣設府，轄有臺灣縣、鳳山縣與諸羅縣三縣；安平鎮原隸屬鳳山縣，及至雍正9年（1731）更定疆界，安平鎮改隸屬臺灣縣。王瑛曾《重修鳳山縣志》載：「（鳳山縣）縣北永寧、新昌、依仁三里，並土墼埕、喜樹仔二保、安平一鎮，統撥歸臺灣縣管轄。」[117] 在安平鎮改隸之前，於康熙61年（1722）已改稱效忠里，王必昌《重修臺灣縣志》記載：「效忠里即安平鎮，廣半里，袤十里，在邑治西南。離城水程七里，旱程二十里，康熙六十一年改今名。」[118] 移居安平的居民日眾，而有王城西、灰窯尾、海頭、囝仔宮、十二宮、港仔尾等六部社聚落形成，住民以金門及泉州府屬移入者居多，市仔街（延平街）一帶，漸漸成為該地的商業中心。

清代嘉慶以前的志書及文獻每以安平鎮大港或大港指稱大員港，王必昌《重修臺灣縣志》卷一〈疆域志〉云：「安平鎮大港，在臺江西南，鎮城之西。紅毛時，巨舟悉從此入泊於臺江。自鄭成功由鹿耳門入臺後，遂淤淺。今惟往來南路貿易之船經此，巨舟不得入矣。」[119]

陳壽祺《重纂福建通志》又載：「七鯤身嶼在縣西南海中，距城十里。脈自東南而來，由鳳邑之打鼓山穿田過港，逶迤六十餘里，西轉下海，汪洋萬頃之際，結為七嶼，如鯤魚之鼓浪。嶼各相距里許，接續不斷，自南以北，而終於安平鎮。外為大海，內為大港，與南北汕參差斜對，為郡治關鎖。地皆沙土，風濤鼓盪，不虧不蝕。多產蒜茶桃榔，望之鬱然，蒼翠中有流泉，甘美勝於他處。一鯤身之地最廣，即安平鎮也，紅毛舊城。今水師營駐於此，有居民坊市。」[120] 范咸《重修臺灣府志》卷一〈封域・山川〉云：「臺江，在縣治西門外。大海由鹿耳門入，各山溪之水匯聚於此。南至七鯤身，北至蕭壠、茅港尾。」[121] 指出臺江的水域範圍，是府城與安平、鹿耳門間船舶往來場域。

從明鄭時期到清道光 3 年之前（1661-1823），大員港因日漸淤淺，所以大船皆由北面的鹿耳門出入，鹿耳門成為臺灣首要港口。迨至道光 3 年（1823）7 月臺灣發生大風雨，曾文溪溪水暴漲，導致泥沙淤積，沿海各沙洲與臺江海岸盡化為陸地，而有「昔時郡內三郊商貨，皆用小船由內海駁運至鹿耳門，今則轉由安平大港外始能出入。」[122] 的轉變。臺江灣已失去自然港灣的功能，而環海沙洲也與新生地連為一體，鹿耳門首當其衝，一夕之間頓成廢口，四草、安平間之內海倖未波及，安平大港與四草湖成為臺南新門戶。

及至光緒 5 年（1879）以降，安平與臺南之間已經積沙成地，四草湖外海一帶，則因時有流沙淤積而成細長沙洲，造成船隻航運及停泊的不便。明治 39 年（1906）安平大港與四草湖於暴風雨中一度淤塞，經疏濬得以通行小船，然而港口的價值從此盡失。大正 11 年（1922）日人開闢新運河，歷三年完工，復於昭和 6 年（1931）選安平大港（舊安平港）南方二公里處為新港口位置，並於昭和 13 年（1938）完工，一般習稱安平港。[123]

安平港開港初期，港灣情況良好，外商雲集，促成安平市街向南

延伸。但因安平港是經由人力開闢的人工港口，規模不大，僅容 80 噸級的船隻出入；而且鹽水溪河床不穩、排沙量大，每當雨季，洪水患濫，港口附近即積沙成陸。其後日人不堪港口不斷淤淺，另築高雄港。戰後，安平港漸漸降為漁港，往日繁榮不再而日漸沒落。

日治時期安平港口／山本三生《日本地理風俗大系臺灣篇》，1931。

日治時期安平港／臺灣拓殖畫帖刊行會，《臺灣拓殖畫帖》，1918。

近年來，臺南市政府積極推動文化資產的保存與行銷文化產業來帶動地方的發展，將安平古蹟活化再利用並於民國 93 年（2004）規劃成立「安平港國家歷史風景區」，帶來民間的參與投資商機，更吸引大批的觀光人潮，使安平得以再現昔日風華。

臺南文獻學者范勝雄將安平港的沿革分為大員港（1602-1661）、鹿耳門（1661-1823）、臺灣港（四草湖）（1823-1938）、安平港（1938-1978）等四個時期，[124] 各時期的地理位置或有所變動，其角色也不同，但皆以安平為商貨吞吐轉運之所。

安平與府城的對渡

1634 年 4 月荷蘭東印度公司在今安平港仔尾延平街（舊稱市仔街）東端設渡船碼頭，通往赤崁大井頭，有 6 艘小船定期在赤崁與大員間載客運貨；[125] 此為安平鎮渡設置的緣起。

清領初期安平鎮與府城間水路往來的津渡就是安平鎮渡，即是安平鎮渡口與大井頭之間的水陸交通，清康熙 35 年（1696）高拱乾《臺灣府志》卷二〈規制〉津渡：「安平鎮渡：自安平鎮至大井頭相去十里，風順，則時刻可到；風逆，則半日難登。大井頭水淺，用牛車載人下船；鎮之澳頭淺處，則易小舟登岸。」[126] 此時期安平鎮渡是安平鎮到大井頭之間的津渡，從《康熙臺灣輿圖》中可以看到有牛車、些許帆船行駛臺江，載運從臺灣海峽而來的人和貨物。

大井頭原是進府城的上岸處

嗣後隨著地形變化，登岸地點屢經更改。康熙雍正年間府城五條港地區形成後，登岸地點移到鎮渡頭。[127] 又據嘉慶 12 年（1807）謝金鑾《續修臺灣縣志》卷一〈地志〉橋渡：「鎮渡在西門外海口，距安平鎮水程七里，往來絡繹，以風順逆為遲速。紅毛及偽鄭時古渡，自大井頭登舟。今填海成陸，市肆喧闐，移渡於此。渡頭水淺，潮落必以牛車接載，乃可登岸。」[128] 連橫《雅堂文集》卷三〈筆記〉臺灣史跡志云：「安平為臺南門戶，距府治約四里。前以舟楫往來，故有安平晚渡之景。」[129] 這一時期的安平鎮渡則是安平鎮渡口到鎮渡頭之間的津渡。

清領初期安平與府城間的渡口為安平鎮渡口與大井頭，五條港地區形成後改為安平鎮渡口與鎮渡頭。大井頭在中西區民權路與永福路口一帶，陳文達《臺灣縣志》卷之九〈雜記志〉古蹟：「大井，在西定坊。來臺之人，在此登岸，名曰大井頭是也。開闢以來，生聚日繁，商賈日盛，填海為宅，市肆紛錯，距海不啻一里而遙矣。考郡志云：

接官亭位於鎮渡頭

『開鑿莫知年代，相傳明宣德間太監王三保到臺，曾於此井取水焉。』又傳係紅毛所濬。當日紅毛築赤嵌城，恐有火患，鑿此井以制之。」[130] 該志書卷之二〈建置志〉津渡：「大井頭渡，在西定坊，水程六、七里，過渡即為安平鎮。」[131]

鎮渡頭在中西區康樂街接官亭石坊前一帶；清康熙末、雍正初年，府城渡頭已由大井頭西移南河港安瀾橋附近，稱「鎮渡頭」。乾隆4年（1739）興建風神廟與接官亭於此，以利舟楫，更為文武官員迎送餞別的地方。乾隆42年（1777）臺灣府知府蔣元樞（1738-1781）重修風神廟，並於碼頭建立石坊，以壯觀瞻；坊前砌有石階，方便登舟上岸。」[132] 清同治年間《臺灣縣輿圖纂要》：「鎮渡頭：本在西門外海口，距安平鎮水程七里；自道光二十二年海漲暴作，湧為沙洲。今則一片坦途，直達安平。」[133] 道光年間臺江未陸浮之前，鎮渡頭是府城與安平鎮之間的津渡碼頭。

安平鎮渡口的位置究竟在何處？可從安平天妃宮的位置來考察。高拱乾《臺灣府志》卷九〈外志〉寺觀宮廟附：「天妃宮，在鳳山縣安平鎮渡口。」[134] 所指天妃宮即今安平開臺天后宮，創建於明鄭時期，「規模頗為寬敞，佔地歃三百多坪，坐北朝南，雄鎮安平鎮渡口。日本領臺時，因兵勇被屠殺，血濺聖地，棄置不用。後至民前十二年，設立安平公學校，假該宮為教室之用地。民國元年一部分充為日人小學校。」[135] 安平天妃宮在日治時期被改為安平公學校（今石門國小），媽祖神像分祀於安平六角頭公廟，直到民國55年才在現址重建，並迎回媽祖神像。

安平天妃宮在安平鎮渡口，而安平天妃宮原本的廟址在今石門國小，所以安平鎮渡口即位於安平鎮東方沿臺江之西岸，也就是荷蘭時期臺灣街的碼頭，這一地方就是今安平石門國小東邊，[136] 約在今安北路以西的社區。

安平鎮渡口位今安平石門國小東邊

　　清代臺灣八景之「安平晚渡」所描述的景緻是傍晚時刻，大大小小的船隻點著燈火行於安平鎮渡間，在臺江內海形成點點燈火的壯闊景象，因而成為著名景點。「安平晚渡」最早見於清康熙 35 年（1696）高拱乾《臺灣府志》卷九〈外志〉古蹟，將其列為臺灣八景之第一景，並有詩云：「日腳紅彝疊，烟中喚渡聲；一鉤新月淺，幾幅淡帆輕。岸闊天遲暝，風微浪不生；漁樵爭去路，總是畫圖情。」[137] 康熙 57 年（1718）周元文《重修臺灣府志》卷九〈外志〉古蹟，也列為臺灣八景之第一景。[138] 稍晚的康熙 59 年（1720）陳文達《鳳山縣志》卷一〈封域志〉形勝，則列為鳳邑六景之一，[139] 因當時安平鎮隸屬鳳山縣。

　　乾隆 6 年（1741）劉良璧《重修福建臺灣府志》卷四〈疆域〉形勝，「安平晚渡」未列臺灣八景，而改列入臺灣縣八景之一。乾隆 12 年（1747）范咸《重修臺灣府志》卷一〈封域〉形勝，再列為臺灣八

景之一。[140] 乾隆 17 年（1752）王必昌《重修臺灣縣志》卷一〈疆域〉形勝僅列臺灣縣八景，沒有列出臺灣（府）八景。[141] 乾隆 29 年（1764）余文儀《續修臺灣縣府志》卷一〈封域〉形勝復列為臺灣八景之一，並繪寫「安平晚渡」圖。[142] 嘉慶 12 年（1807）謝金鑾《續修臺灣縣志》卷一〈地志〉勝蹟，列出臺郡八景（臺灣府八景）及臺邑八景（臺灣縣八景），「安平晚渡」為臺灣（府）八景之一。[143]

　　乾隆 12 年（1747）范咸《重修臺灣府志》圖繪「臺灣郡治八景圖」，其中「安平晚渡」繪圖，具體表現臺江內海的場景；在內海中凸顯安平城與一鯤身，由一鯤鯓往南延伸連串的七個沙洲，圍繞在臺江內海的西緣；而臺江東岸的陸地可見一座城門及數間房屋，此城門即是臺灣府城西門。臺灣府城西門，創建於雍正 3 年（1725），係臺灣知縣周鍾瑄創建木柵城所建城門之一。乾隆元年（1736），改以土、石構

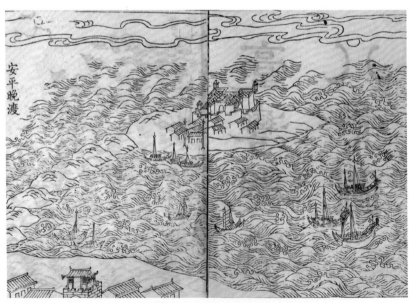

安平晚渡／范咸《重修臺灣府志》。

築城門，並建城樓。[144] 其位置原在今西羅殿，城門之外就是接官亭石坊及鎮渡頭，是臺灣府最重要的門戶。清乾隆 53 年（1788）林爽文事件後，清廷警覺到城防的重要性，乃將大西門往東遷建，新建大西門於宮後街，故址在今民權路二段、西門二段與宮後街的交叉路口。

在安平鎮與鎮渡頭間的臺江內海有數艘商船及小帆船，圖面的右上方可見夕陽即將落入海平面，整個構圖表現「安平晚渡」的情景，而其場域就是在安平鎮與府城鎮渡頭之間的臺江內海。連橫於《臺灣通史》亦云：「郡治水仙宮之前，積水汪洋，帆檣上下，古所謂安平晚渡者，則臺江也。」[145]

乾隆 43 年（1778）臺灣知府修築「安平石岸」，習稱「乾隆海堤」。蔣元樞在《重修臺郡各建築圖說》〈修築安平石岸圖說〉中說，安平四面環海，「岸由沙積，質本浮鬆」，潮汐衝擊容易坍損，以前知府都命來臺帆船須卸兩擔沙石堆積，只是都不耐久，所以他找來安平中營一個熟悉工務的林姓遊擊協助從漳泉找工匠石料到臺，從「紅毛城東勢起至較場頭灰窯尾止，計五百十九丈九尺，深埋木椿，密砌石條，以三合土抿縫，期於永固。」[146]

從圖說的附圖，石岸從紅毛城東邊起，一路向南迤邐繞過砲臺，轉向西南的灰窯尾社。在紅毛城的東南方及南方標註「馬頭」，研判東南方的「馬頭」就是安平鎮渡口。

道光年間以後，「臺江（已成陸地）：在縣大西門郭外。在昔各山溪之水澳聚於北，汪洋渟蓄，可泊千艘。尋因道光間防夷，填塞海口。不數年，由安平鎮漸次沙漲，直連大西門郭外；『志』所謂『安平晚渡』者，今成坦途。」[147] 臺江內海消失，鎮渡頭到安平之間已是一片坦途，「安平晚渡」景致隨之消逝。至於民國 45 年（1956）臺南市文獻委員會選定臺南十二勝景之一「安平晚渡」，其場域是指日治時期完工的安平港，也稱「安平漁」港，每當夜幕低垂，漁船燈火點點的景象，

安平第一橋碑

營造安平港獨特的夜間景色。

在道光年間臺江陸浮後，改由硓砧石渡；後來港汊漸淤塞，又移轉到鎮海營（今協進國小校址）南方空地「安平第一橋」附近。[148]「安平第一橋碑記」為同治 13 年（1874）臺灣知府周懋琦所寫，碑原存今臺南市中西區協進街與安平路交叉處，昭和 10 年（1935）移置於臺南市大南門碑林。碑文記載當時竹筏擺渡往來府城、安平之情形說：「由郡城出大西門至安平鎮，路經北勢街尾有港焉，阻往來者。郭氏渡以筏，人索錢三，遂專其利。同治壬申（1872）夏四月抵任，觀海於安平，道由是出，春夏之交，商人、舟子、漁戶、農民赴城市購物者，日且千數百人，筏限以一。每次載六、七人，兩岸候而爭渡者相鬻也，民大不便，乃購木將為橋焉。」

鹿耳門港道

鹿耳門因地理形勢險要，自古即為臺灣的門戶，鄭成功開臺後，更以鹿耳門取代大港，成為臺江的咽喉。高拱乾《臺灣府志》卷之一〈封域〉云：「縣治西至於海，曰鹿耳門，在臺灣港口，形如鹿耳，分列兩旁；中有港門，鎮鎖水口。凡來灣之舟，皆從此入，泊舟港內．其港門甚隘，又有沙線；行舟者皆以浮木植標誌之。」[149] 鹿耳門為進出臺江內海的險要，其沙洲地形狀似鹿的耳朵，所以稱為鹿耳門。

1643 年《熱蘭遮城日記》記載：「……視察海堡（Redout Zeeburch）

和鹿耳門（Lacquymoy），看到鹿耳門和加老灣（Callewangh）之間那塊沙洲，以前造在那沙洲的幾間漁夫的小屋子，已經完全被沖走了，那沙洲在漲潮時，覆在水下，成為中國人於北風季節走私的好場所，他們可以把戎克船停泊在北邊停泊處，經由這地方裝卸船上的東西。」[150] 這是鹿耳門地名最早的文獻記載。

在臺江內海一鯤鯓以北的陸地，以北線尾沙洲最大，鹿耳門在北線尾的北端，早期鹿耳門為漁夫捕魚暫時停留的地方，又離荷蘭行政中心大員市鎮還有一段距離，因此成為中國人走私的好場所。

高拱乾《臺灣府志》卷之一〈封域〉云：「北線尾，在鹿耳門南，與鹿耳門接壤。其南，即安平鎮也。離安平鎮未上里許，中有一港，名大港。」[151] 北線尾北側有鹿耳門水道，南有大港水道。昔日鄭成功的艦隊便是避開熱蘭遮城前的大港水道，改航鹿耳門，終於能夠保全實力，圍困普羅民遮城。自從鄭成功從鹿耳門水道進入臺江內海後，據〈永曆十八年臺灣軍備圖〉的標記，明鄭時期在北線尾北端設置砲臺、搭草寮，置官把守盤查往來船隻。另一方面，原為臺江進出孔道的大員港，逐漸淤塞，鹿耳門港乃取而代之，成為臺江的咽喉。

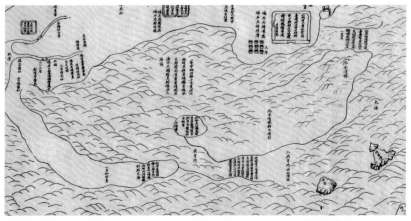

明鄭時期鹿耳門形勢／〈永曆十八年臺灣軍備圖〉，取自《北臺灣輿圖》。

臺灣入清後，首開鹿耳門與廈門對渡，鹿耳門因此成為出入臺灣的唯一正口。清廷於臺灣知府下設「海防同知」一員，專司稽查鹿耳門海口；海防廳署也於雍正 8 年（1730）移駐鹿耳門，又設「鹿耳門汛」，隸屬於臺灣水師協。[152]

鹿耳門汛在康熙 56 年（1717）築造砲臺兩座，安放大砲十門，又造燉臺三座、望高樓一座。雍正時改置砲架十五座、備戰船六艘巡防鹿耳門內海、四艘分巡鹿耳門外的中路洋面；而臺灣水師的中營、右營，則各以步戰兵一百名，輪防鹿耳門內海，中營兵一百六十名分巡外洋。到了乾隆時代，另建營房兩座十四間。嘉慶時代，則興造梭船二十艘，專事防禦鹿耳門。[153] 黃淑璥《臺海使槎錄》卷一〈赤崁筆談〉形勢云：「鹿耳門為用武必爭之地者，以入港即可以奪安平而抗府治也。奪安平則舟楫皆在港內，所以斷其出海之路；抗府治則足以號令南北二路，而絕依附之門。故一入鹿耳門，而臺灣之全勢舉矣！或云：鹿耳門為天險門戶，而又上設臺，防亦密矣。」[154] 可見鹿耳門的戰略地位極為重要，被形容為「鹿耳天險」。

鹿耳門嶼形若鹿耳，北與海翁汕相對，由於潮汐的作用，沙洲的形狀和海岸的位置都經常變動不居，而且也受海底「鐵板沙」的影響，不少船隻因為不明水文地形，撞得船毀人亡，所以必須在海中插旗標示航道，以策安全。

清康熙 36 年（1697）來臺採硫的郁永河，從鹿耳門登岸。雖言「登岸」，卻無法一步到位；先得由大船換小船，近岸再換牛車才能真正上岸。所以他在《裨海紀遊》云：「嘗聞海舶已抵鹿耳門，為東風所逆，不得入，而門外鐵板沙又不可泊，勢必仍返澎湖。」[155] 又寫了一首竹枝詞：「鐵板沙連到七鯤，鯤身激浪海天昏；任教巨船難侵犯，天險生成鹿耳門。」[156] 還附註說：「安平城旁，自一鯤身至七鯤身，皆沙岡也。鐵板沙性重，得水則堅如石。舟泊沙上，風浪掀擲，舟底立碎矣。

牛車千百日行水中，曾無軌跡，其堅可知。」[157]

　　但敘述鹿耳門之險最詳盡的應數來臺擔任臺灣海防同知的朱景英，乾隆 38 年（1773），他在《海東札記》記錄：「鹿耳門全郡之門戶也，四周皆海，海底鐵板沙線，排列如鑄。南曰北線尾，北曰加老灣，又西南曰隙仔港；兩岸沙腳環抱，一通一徑，狀如鹿耳，故名鹿耳門。商船率銜尾出入，不敢並櫂。潮長，水深丈四、五尺；潮退，不及一丈，舟人必懸柁始能出入。港路迂迴，舟觸沙線立碎。於盤旋處，插竹剪布，南白北黑，名曰『盪纓』，一曰『招子』，使出入者有所趨避。或令人駕小舟導引，亦曰『招船』。」[158]臺灣知府蔣元樞在〈新建鹿耳門公館圖說〉中，也把鹿耳門一帶的盪纓景象描繪出來。

　　迨至道光 3 年（1823）7 月臺灣大風雨，曾文溪溪水暴漲，導致泥沙淤積，沿海各沙洲與臺江海岸盡化為陸地，「昔時郡內三郊商貨，皆用小船由內海駁運至鹿耳門，今則轉由安平大港外始能出入。」[159]環海沙洲也與新生地連為一體，鹿耳門首當其衝，港口逐年淤塞，往來船隻引能停泊於港外，在道光 20 年（1840）以前變成廢港，失去港口與海防功能，據姚瑩所呈〈臺灣十七口設防圖說狀〉即云：「鹿耳門距四草不及五里，在昔號稱天險，自道光二年淤塞，今口已廢，水深不過數口，小船亦難出入。」[160]又至道光 21 年（1841）因受鴉片戰爭影響，清政府為防止英船入侵，也為防堵奸民接濟英船飲水、糧食或偷運鴉片，所以用石頭填塞鹿耳門廢口，致使鹿耳門連小船停泊的機能也完全喪失，[161]曾經帆檣雲集的鹿耳門港，遂走入歷史。

　　鹿耳門自道光間淤塞港口功能喪失後，在清末日治初期又發生三次較大規模改道。先是同治 10 年（1871）7 月，當時因暴風雨導致山洪暴發，曾文溪主流改道向南偏移，下游出海口附近的鹿耳門古廟也遭大水所侵，最後被沖毀在鹿耳門溪道內。[162]而後，明治 37 年（1904）曾文溪再度改道，主流在公地尾向北改由北支流的三股溪經國賽港（今

鹿耳門溪

七股區三份里龍雄 2 號橋邊）入海，鹿耳門溪成為支流，溪水在公地尾南下經十份塭與土城仔東面，再經媽祖宮庄的北面由鹿耳門入海。及至明治 44 年（1911）暴風雨，曾文溪下游再次發生變化，致使鹿耳門溪斷源，水量縮減，河道規模更加縮小。[163]

　　鹿耳門的地理位置在歷經滄海桑田、海陸劇烈變遷的情況下，昔日形勢已消逝，僅成為一個區域空間名詞，鹿耳門的確切地點不再為時人所知悉，造成日後關於古鹿耳門位置的爭議。[164]

安平商港

　　民國 63 年（1974）因安平舊港封淤，臺南市政府另擇南方 2 公里的「鯤鯓湖」營建新港，即安平新港。東鄰安平工業區，北鄰五期重

劃區，行政上隸屬於南區而非安平區。民國 68 年竣工，同年新港開始營運，主航道水深負 7.5 公尺，可通行 6,000 噸級船舶，並核定為國內商港。

民國 86 年 5 月 12 日，交通部公告安平港為高雄港之輔助港，安平港由國內商港升格為國際商港。民國 88 年 7 月 1 日，高雄港務局安平辦事處改制升格為安平港分局。安平港擴建工程，於 94 年 4 月底完成，港域總面積可達 445 公頃，碼頭 32 座，碼頭總長度 5,566 公尺，航道水深為 -11.5 公尺，可進泊 3 萬噸級以下船舶，年總裝卸量可達 1,600 萬噸，將開發成為東南亞、東北亞、大陸及香港之近洋航運，以及國內環島、離島航運和海上觀光遊憩等多功能綜合港埠，促進臺南地區工商繁榮發展。[165]

安平商港

五條港到臺南運河

府城西緣五條港

清代臺南「五條港」不僅是府城對外貿易的轉運站、更是各種郊商店鋪、貨棧雲集之處，周邊不僅有米、糖、茶等南北雜貨，還有木材相關產業等在此營生。雖至日本領臺時期，市區經過改正後，港灣特色不再，但是民權路、永福路與忠義路一帶，中正路與西門路周邊，仍是臺南最繁華的地區。「五條港」指的是臺江內海逐漸陸化浮出後的殘餘港汊水道，大致分布在今西門路以西、成功路以南、中正路以北的區域，為府城的商港區。五條港由南到北分別為安海港、南河港、北勢港、佛頭港、新港墘港：**166**

最南邊的一條港道，稱為安海港，又分為三大支流；南為蕃薯港，從沙淘宮前沿中正路北側至海安路，轉向西北匯入安海港；中為外新港，從開山宮前沿民生路至正德街注入安海港；北為松仔腳港，從民生路、海安路口附近，向南至正德街再匯入安海港。三條港汊在六姓府前匯合後，向西流至協進國小南側，再流向西北方，進入舊運河。

南河港，又稱南濠港，從民權路、永福路口的大井頭，沿民權路南側至西羅殿南折向西南至鎮渡頭，逐一與北勢港、佛頭港、新港墘港相會，最後進入舊運河西流。

北勢港，從水仙宮前沿北勢街的南側至鎮渡頭。港道入口處是奉祀媽祖的海安宮，盡頭為奉祀水仙尊王的水仙宮，水仙宮也是三郊總部三益堂的所在，所以在五條港居中的北勢港，地位也最重要。

佛頭港有三條支流；最南側為從開基武廟前西流的關帝港，其次為從大天后宮西流的媽祖港，最北為赤嵌樓前廣安宮西流的王宮港；三條港道在景福祠附近合流，即為佛頭港，向西南流經藥王廟後方，

由鎮渡頭進入舊運河。

　　最北側的新港墘港，原是德慶溪下游分支，也稱硓𥑮石港，道光年間臺江發生大變化，因鎮渡頭逐漸淤淺，所以出口在下游的新港墘港，便逐漸取代其他港道，新港墘港的硓𥑮石渡口成為清末進出府城的重要渡頭，來往船隻、商旅不絕，帶動附近硓𥑮石街、媽祖樓街的繁榮。道光年間以後由於臺江淤塞，使五條港區主要港道淤淺，僅餘新港墘港道較深，成為郊商船隻出入的主要港道，一時硓𥑮石街店鋪、貨棧群集，頗為風光。昔日的硓𥑮石渡口位於今中西區民族路三段與文賢路交會口，可直通安平，為商旅往來之地、人民輻輳之區。道光2年（1822）地方士紳、行郊、商號等聚資重修泊岸、立界址、造石橋，修公地以利商旅往來，當時題刻的「修造硓𥑮石街路頭碑記」仍立於硓𥑮石街，從碑文中捐題的商家店鋪及船戶名單可知此地商況繁盛一時。

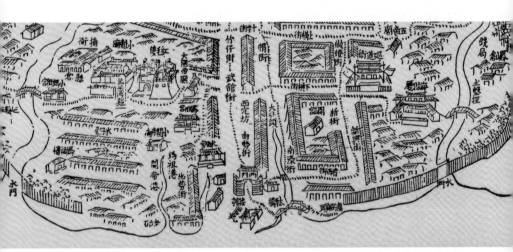

乾隆年間輿圖可以看到府城西緣有關帝港、媽祖港等港汊／王必昌《重修臺灣縣志》。

　　道光初，臺灣大風雨導致臺江內海陸浮，僅留下四草湖、鯤身湖兩大水域。鹿耳門海口因沙塞填高，大船不能出入，僅安平勉強通以小船。因應臺江陸化，府城三郊為解決原有受阻海運，積極暢通貿易問題，乃改由新港墘港硓砧石港渡進出，再由五條港匯流處（今臺南基督教 YMCA 協進館附近）疏濬清理開通運河到安平及四草湖。運河沿著協進國小北側民權路三段穿過今中華西路後，接民權路四段南側，到安平港仔尾原天后宮（今石門國小）北側進入今鹽水溪入海。[167] 清末府城三郊開闢之運河，稱為五條港運河，也稱舊運河，用以區別日治時期新闢的臺南運河。

日治時期舊運河／《臺南新報》，1926 年 4 月 25 日，6 版。

日治時期舊運河上的二重橋，位今協進國國小協進館西側／《臺南新報》，1926 年 4 月 25 日，6 版。

臺南運河

　　日本領臺後，臺灣總督府利用舊運河水道，自安平海關循鹽水溪至海口予以疏濬，惟舊運河易於淤積須經常疏濬，必用定期以人工挖除運河淤泥土，尤其運河淤積已經影響到大型船舶的航行，大型本船隻能港外停留，把貨物改載到小型戎克船，利用原有的運河送到臺南市區，幾番接駁耗損人物力與經費，極不符經濟效益。明治 36 年（1903）8 月發生洪災，導致曾文溪及鹽水溪氾濫，安平港被土砂埋沒，舊運河潰堤且淤積運河沿岸，連戎克船也無法航行。[168]

　　明治 37 年（1904）2 月，總督府準備安平港及運河測量費預算 2 千 5 百萬日圓給臺南廳，進行現況調查，調查完成後臺南廳土木課計畫擬於安平港口到臺南市南勢街（今中西區西門路到康樂街之間的民權路三段）規劃 27 公尺寬、1.8 公尺深的運河，並在南勢街運河終點建設 54.5 公尺、190 公尺長的船舶棧橋，預算暫定 20 萬日圓，但無法找出財源，計畫頓挫無法著手。而南部海運遂於明治 41 年（1908）興築高雄港後取代之，而臺灣港由於港灣條件不如打狗港，地位一落千丈，故興起開闢新運河的計畫。

　　明治 39 年（1906）10 月臺南廳長山形脩人跟總督府申報清除舊運河淤積泥土的重要性和預算，隔年 1 月申請到新造浚渫（清除淤泥土）專用船費用 72,500 日圓，順利製造「成功丸」，針對在臺南做生意的業者特別課稅，作為每年作業費用財源，明治 40 年（1907）至大正 9 年（1920）年花費總共 293,248 日圓，清除淤積泥土總面積 287,892 立方公尺，但泥沙淤積情形依舊。

　　大正 9 年（1920）決定放棄現有的運河，重新建造新的運河。大正 10 年（1921）12 月 4 日，臺南州知事吉岡荒造、伊藤內務部長、川崎地方課長、參事官等官員，由臺南市尹荒卷鐵之助領銜視察臺南運河開鑿預定地及鹽田。[169] 大正 11 年（1922）4 月 15 日，於安平取水口

舉行臺南運河起工式，儀式包括修祓、降神式、供饌、祝詞，最後由臺南市尹荒卷鐵之助及來賓式辭做為閉幕，[170] 臺南市各銀行及商家參加及捐款者眾多，對臺南運河開鑿寄予厚望。新運河位於舊運河南側，由曾規劃建造基隆港的總督府土木局技師松本虎太設計，總督府直接負責施工。臺灣總督府於大正 11 年（1922）4 月 16 日安平港至永樂町間的新運河工程開始施工，隨後在大正 15 年（1926）3 月竣工，並於 4 月 25 日舉行開通式。新運河由臺灣總督府技師松本虎太設計，分別由臺南安平兩地同時開挖，歷經 4 年於大正 15 年（1926）新運河通航，原河道則稱為舊運河。

臺南運河開通，官方舉行盛大的慶祝儀式及宣傳，[171] 可說是對這條新闢運河寄予厚望。大正 15 年（1926）配合運河開通式，臺南大天后宮舉辦媽祖遶境活動，轟動全島，而有「臺南媽祖開運河」俗諺。當時媽祖巡行全市，為配合陣容，臺南工商會動員各團體熱烈參加，各派出所管內各廟，也組隊共襄盛舉，各種團數達五十番，計人員一萬五千人，臺南鐵道部團有詩意藝閣十臺，北管二組，又有布商團、金銀商團、雜貨商團詩意各四臺，其中皮鞋商團三臺行色最壯，其餘各商團亦有一臺音樂一組，商團旗百幅以上。隊列遊行，蜿如長蛇，須開兩小時才能通過，是日街道上觀者往來絡繹，萬人空巷，街道為之擁塞。[172]

完工的新運河長 3,782 公尺，河面寬 37 公尺、河底寬 27.3 公尺，退潮水深 1.8 公尺，並於終點設置堆貨場倉，碼頭約 1,780 公尺。[173] 新運河取代已不能航行的舊運河，讓外海船隻能循水路直抵臺南市中心。運河西端及南端各有一出口與安平港相通，讓外海船舶可沿運河航抵臺南市區，藉此帶動海陸運輸，並於臺南及安平各建二座船塢，船塢兩岸為運河南北街，均為漁業相關行商，充分發揮漁業運銷的功能，帶動市區繁榮。

　　新運河連結了臺南與安平地區，雖然確實改善了運輸的不便，但是位於港口的障礙並未被排除，威脅安平港興衰的重要因素在於曾文溪及鹽水溪的泥沙問題，並未因為新運河的開通而獲得解決，運河甫經開通，安平港遭遇泥沙淤積情形依舊，不利使用。由於新運河出口一段河道淤塞，昭和 10 年（1935）臺灣總督府開始進行安平港口改良工程，在昭和 10 至 11 年（1935-1936）間於舊港口南 2 公里處闢安平港新港口，取代舊安平港的營運，並築導流堤二道，港口長 160 公尺，自港口再挖濬航道 2 公里，與新運河接通，築岸約 500 公尺，總經費 77 萬日圓。[174] 昭和 13 年（1938）3 月 31 日，總施工費用為 777,600 日圓，其中 622,080 日圓係由國庫補助。[175] 昭和 14 年（1939）完工，運河全長 3,782 公尺、敷幅 73 公尺、上幅 36 公尺、底幅 27 公尺，退潮時可下降至 1.8 公尺，並在港口從退潮時地面 3 公尺高的地方，興建 5.5 公尺高的堤防。昭和年間完工之臺南運河，運河船塢岸上設置各式船運工場，運河除了貿易輸運功能，也提供臺南人日常休閒的空間環境。

　　戰後，民國 38 年至 58 年間，臺南運河有偉成渡輪來往臺南船溜與安平船溜間，由於船隻航行參雜馬達轉動聲，所以坊間將渡輪暱稱「澎澎線」。在運河碼頭邊設有一座精神堡壘，四面各有標準鐘，並分別寫著「驅逐俄寇」、「打回大陸」、「光復中華」與「還我河山」等標語口號，象徵當時的時代精神與民族情操，成為當時買船票和民眾相約聚集地標。

　　其後，臺南運河因水道淤積，加上沿著河道架設的許多橋梁，使得臺南運河逐漸喪失原有的航運機能，周邊地區的發展隨著臺南市區的擴張產生變化。首先是 1970 年代大規模填埋所形成的浮覆地，提供了城市擴張所需要的空間；民國 67 年臺南市政府將運河盲段水域填平，並計劃在上面蓋大樓，後由北屋建設得標，動工興建中國城大樓。

　　臺南市的「中國城」，位在臺南運河船渠東側，佔地約 3,000 坪，

停靠臺南運河碼頭的汽船／山本三生《日本地理風俗大系臺灣篇》，1931。

北臨運河北街，南臨運河南街，西臨環河街，中央由金華路截開，分為前後兩棟建築，但地下層前後互相通連。外觀是中國傳統形式，有金色歇山式屋頂、白牆、斗拱、窗櫺，東面入口接中正路尾端，入口處有大片的「祥龍獻瑞」浮雕，高懸「臺南中國城」篆書牌匾，落款是市長蘇南成。民國 72 年中國城開幕之際，當時媒體以「化腐朽為神奇，臭水溝變成繁華區」來形容運河盲段的蛻變，中國城也曾開創一段繁華盛期，成為許多臺南人對於「追求時尚」的共同記憶。在歷經 20 餘年輝煌期後，中國城漸走下波，中國城戲院最後在 98 年 2 月 1 日停止營業。而後歷經 10 餘年都更爭議，終在民國 105 年 3 月 20 日進行拆除，運河東端舊地標「中國城」走入歷史，原地規畫改造為親水景觀河樂廣場。

臺南運河平面圖／《臺南新報》，1926 年 4 月 25 日，5 版。

臺南運河海關

現在的臺南運河

【臺南運河設計者松本虎太】

　　松本虎太（1879-1959），日本
香川縣人，京都帝國大學土木科畢
業，明治 39 年（1906）渡臺後歷任
基隆築港局技手、總督府工事部技
師、土木部技師、基隆築港所所長、
道路港灣課長、東部開發調查委員等
職，除前述公職之外，松本在臺期間
亦曾擔任臺灣電力株式會社社長、臺
灣技術協會首任會長、土木學會臺
灣支部支部長等職，並於昭和 10 年
（1935）加入臺北扶輪俱樂部為會
員。終戰後，因身為臺灣電力會社社
長身分，被要求留任擔任臺電公司顧
問，並兼任臺灣大學工學院教授數
年，至民國 36 年返日。

臺南運河設計者松本虎太／《臺南
新報》，1926 年 4 月 25 日，5 版。

【鎮南媽遶境祈佑運河開通】

　　臺南市大天后宮之鎮南媽祖。每年於農曆三月十五、六兩日間。
出巡遶境。是其舊例。今以運河開通式故。欲贊助其盛舉。乃改為早
一日。即十四、五日也。經定十三日午前十一時。執行大祭。翌朝迎
神賽會。董事石秀芳氏。目下極力奔走。鼓舞種種團體。屆期盡出燦行。
務臻美備。毋令他人笑我也。《臺南新報》，1926 年 4 月 18 日，5 版。

倒風內海港口

　　倒風內海位置在現今臺南市北門區、新營區、學甲區、佳里區、鹽水區、下營區、麻豆區沿海一帶，經長期不斷淤積，現已陸化而幾乎全部消失，僅餘北門潟湖為其殘跡。清乾隆年間倒風內海全盛時期之港口多達 20 處，其中鐵線橋港、鹽水港、茅港尾港、麻豆港，不僅貿易興盛，也是諸羅縣治通往府城的要道，無論水陸交通或軍事地位上，皆十分重要。

鐵線橋港

　　鐵線橋港在新營區鐵線里，早期聚落稱鐵線橋庄。鐵線橋庄是南北往來必經的交通孔道，兼以該地濱臨鐵線橋港，商船可到此運載五穀、糖、染料等貨物，[176] 而成為市集。臺灣府海防捕盜同知孫元衡（康熙 44 年至 48 年任職）在其〈鐵線橋村市〉一詩中形容該地「聚落魚鹽市，通衢負販居。潮頭低窄港，橋背受輕車。伐蔗飯牛足，誅茅蝦蠣餘。青橙與霜橘，治苦代新蔬。」[177] 可知康熙 44 年（1706）前後鐵線橋已是一個廛閭鱗次、商旅輻輳的市集所在地，康熙 56 年（1718）時已出現鐵線橋街，範圍包括橋的南北，[178] 橋北即鐵線橋本庄，也叫「橋頭」。

　　清朝時代的鐵線橋庄，藉著鐵線橋港可與大陸通商，據地方耆老所述，昔日帆船可在通濟宮廟埕前泊岸，為陸路交通與大陸通商航陸的駁運站；也是臺灣府城與諸羅縣間的交通要衝；村庄東方另有一橋，為沿海及山區通行的便道；故鐵線橋成為附近村社的經濟中心，設有客棧、糖廍、油車、米廠、魚行、鹽行、牛墟等，人口多達千餘戶，可見昔日鐵線橋庄興盛一般。[179] 庄內除鐵線橋堡的公廟通濟宮外，尚

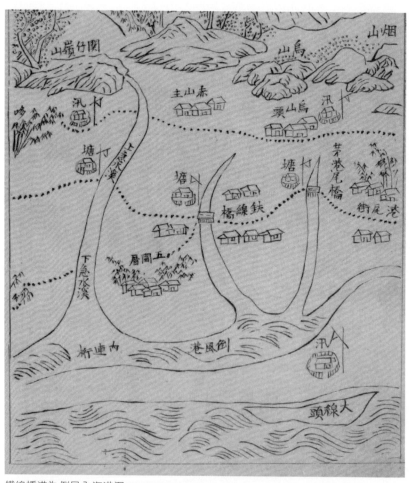

有角頭廟伽藍廟及土地公廟。

　　日治時期鐵線橋庄雖不若昔日繁榮，但據地方耆老表示，當時尚有魚行一間，麵粉工廠三座，製糖廍三所，豬舖八座，及碾米工廠、油車、雜貨店多間等，人口約有五百戶，以蘇姓為大姓。直到民國40年代，鐵線橋（里）仍是新營地區的蕃薯苗交易中心，猶有農商負販

鐵線橋港為倒風內海港汊

往來，故庄內仍有蘇仙助經營之米粉工廠、犁店、江做精米所、王水飲食店、陳春源藥舖、陳澄煌布店、王平源商店、登昌商店、益興商店、永發號、復成興號、永安堂、德三堂、陳專牙齒科等多家商店行號存在。

　　地方俗諺「鐵線橋好筆尾」，意指鐵線橋庄昔日為鄉賢仕紳聚集、漢學興盛之地，知名的漢學者有余君德、周老屏、陳清龍、鄭粒、蘇水池等人，皆善於文章寫作。庄民過去就學須步行前往查畝營（柳營）公學校，每逢雨季急水溪暴漲則苦於水患之阻，地方人士楊允中有鑑於此，主張設校並極力籌措經費，終在大正9年（1920）成立查畝營公學校鐵線橋分校，並於大11年（1922）獨立設鐵線橋公學校，即今新橋國小前身。

　　自從縱貫鐵路闢由新營，兼以大正9年（1920）政制改隸新營郡新營庄後，鐵線橋庄即逐漸走下坡，而且東、南兩面為急水溪所包圍（現河堤距舊廟廟埕約2百公尺），每逢雨季即洪水為患，交通不暢，農商均難發展，居民遂紛紛往外移。臺灣光復後，鐵線橋庄由於交通不便，人口外流嚴重，昔日「聚落魚鹽市，通衢負販居」的盛況已隨港道的變遷而消失。今日庄內多為老人，主要以務農為生，年輕人多往外地謀生。

鹽水港

　　鹽水舊稱「大龜肉」[180]，係西拉雅系平埔族的舊地，清代的文獻也作為「大奎壁」[181]、「大龜壁」[182]，均為平埔族語 Takubu 或 Takuva 的音譯。近人對其原義則有不同的解釋，一說是「公廨」、「家宅」、「茨宅」的意思，[183] 一說是「潟湖」的意思 。[184]

　　明永曆16年（1662）鄭氏部將泉州人何積善、范文章等率眾開墾八掌溪與急水溪的三角地帶，在今鹽水區「舊營」設屯田；同時陳姓族人由福建省泉州帶來140多戶，拓墾今鹽水鎮牛墟南方的粟雅寺一

帶。[185] 何氏等人胼手胝足，披荊斬棘、開拓良田，人口日益增加，乃漸聚成「大龜肉庄」。其後並擴大屯田的範圍，另一部將何替仔乃率眾進入今新營太子宮庄一帶開墾，並在今新營市中營里一帶設營鎮，稱為「新營」，在鹽水鎮的屯墾區則稱為「舊營」，用以區別兩地的開發先後。

明鄭時期各營鎮分地開墾，當一地形成聚落時便以營鎮或將領的名稱作為地名。例如高雄仁武（仁武區）為仁武鎮所在地、援剿中（燕巢區）為援剿中鎮所在地，高雄市的左營（左營區）為宣毅左營所在地、後勁（楠梓區）為後勁鎮所在地，臺南果毅後（柳營區神農里）果毅後鎮所在地、五軍營（柳營區重溪里）為五軍戎政所在地、二鎮（官田區）為戎旗二鎮所在地、角秀（官田區）由角宿演變而來，係角宿鎮所在地、林鳳營（六甲區）為參軍林鳳右虎衛鎮所在地，上述諸地的名稱皆是源於明鄭屯墾地名。鹽水是明鄭時期在臺南的屯墾區之一，所以境內留存「舊營」與明鄭營鎮屯墾有關的地名，足見鹽水開發史久遠。

清康熙 22 年（1683）清領有臺灣後，「大龜肉庄」改稱「大奎壁庄」。該地瀕臨倒風內海而形成汊港鹹水港，據康熙 56 年（1717）《諸羅縣志》記載「鹹水港海汊，郡治往笨港大街，有橋。商船輳集，載五穀貨物。港水入至下加冬仔止。支分於北為汫水港海汊，有竹筏渡，小杉板划到此載五穀，港水至上帝廟邊上。」[186] 鹹水港因有通船之便而成為貨物轉運站，而且是諸羅與府城間往來必經之地，人口逐漸聚集而發展成鹹水港街，又據《諸羅縣志》所載「鹹水港街屬大奎壁庄，商賈輳集，由茅港尾至笨港市鎮，此為最大。」[187] 可見鹹水港街在康熙末期已甚為繁榮。

鹹水港在清代文獻中也稱為「鹽水港」，如乾隆 12 年（1747）范咸《重修臺灣府志》即稱「鹽水港」。[188] 不論是稱「鹹水港」或「鹽

水港」，係因此地為急水溪入海處，海水（鹹水）可直入至此，故而得名。又因鹹水港東、西、南三面環水，港道縱橫交錯，狀似弧形灣月，使得鹹水港又有「月津」、「月港」等雅稱。

鹽水在清朝中葉極盛一時，故地方人士好與「一府、二鹿、三艋舺」（一府指臺灣府城，即今臺南市；二鹿指今彰化縣鹿港鎮；三艋舺指今臺北市萬華）相媲美，並以「一府、二鹿、三艋舺、四月津」來稱頌鹽水昔日繁榮的景象。[189] 鹽水的繁榮景況一直到清道光中葉（1830-）後才開始改觀，此期間因受八掌溪與急水溪泥沙淤積的影響，致使鹽水港的河港機能日漸衰退；同時也因治安敗壞而造成商賈卻步，據道光 27 年（1847）〈嚴禁奸棍藉冒差役酷索碑記〉所述：「緣鹽水港地方，居臺郡中樞，為南北之要衝，乃山海之咽喉；人煙稠密，舟車輻輳，四處村民交易其間，久稱富庶之鄉也。近因奸棍蝟集，俗變剽悍……種種兇橫，難以枚舉！盤據市中，擇肥而噬，三五成群，肆擾無忌。以至庄民裹足，商旅寒心，故數年來以街衢舖戶寂靜，生理倒罷者多。」[190] 此外，光緒 11 年（1885）夏天瘟疫蔓延，造成多人死亡；終致使鹽水的商務由盛而衰。

鹽水港遺跡

茅港尾天后宮

　　其後鹽水港淤積日趨嚴重，以致水路交通不斷沒落；再加上明治
38 年（1905）鹽水地方人士因擔心縱貫鐵路穿過鹽水，破壞當地風水，
因此向日人提出反對鐵路的興建的意見；結果造成鐵路的興建轉往新
營，鹽水也喪失了昔日的交通樞紐的地位。

茅港尾港

　　茅港尾港位於現今下營區茅港里。荷蘭文獻記為「Omkamboy」；
鄭氏地圖記為「梅港尾」，後來改稱「茅港尾」。當時為府城到諸羅
縣城南北官道的中繼站，是這之間最大的市鎮。最繁盛之時有茅港尾
街、社內街、公館街、二坑街、社尾街等 5 條大街，極為繁華。其中
茅港尾街擁有人車分道的「雙顯街」。現茅港尾街街頭為觀音寺、天
后宮位街中、街尾則是元帥廟，足可見證當年的繁華榮景。

　　然隨著倒風內海的陸浮、急水溪的改道，茅港尾失去港口功能，

利用港口貿易發展的商業結構瓦解，茅港尾逐漸轉為農業為主的社會，加上日治時期，重要交通建設擦身而過盛極一時的市街，如今變成平凡農村。

麻豆港

　　麻豆港位於現今麻豆區水堀頭。荷蘭統治時期麻豆已是西拉雅族聚落，據《諸羅縣志》所載：「商船到此載糖、菁貨物。港水入至麻豆社邊止。」[191] 又因為於倒風港內海港汊邊得海運便利，逐漸成為貿易商港，輸出鹿皮、糖，並於茅港尾港式微後崛起。近年考古出碼頭遺跡和馬遺骸，還有因市街發展而興建的北極殿、護濟宮、五王廟、文衡殿、文昌祠，都足以驗證當時的鼎盛一時。從荷蘭統治時期到內海淤積後，雖有因水患而遷移，但麻豆一直是附近村落的行政中心。

麻豆港遺跡

臺南機場

臺灣在馬關條約簽訂後次年（1895）割讓給日本後，日本為因應島內航空事業的發展，而有設置飛行場的計畫；臺南州早在昭和 10 年（1935）年今川淵擔任第九任州知事任內便已展開場址評估，候選地點包括後甲（今臺南市東區）、竹篙厝（今臺南市東區）與安平（今臺南市安平區）等三處；一度高雄州有意與臺南州聯手，在兩州之間的岡山設置南部國際飛行場，但案子後來破局，臺南州也基於原預定地位於市區內，不利都市發展及考量飛航安全、噪音污染等因素，在昭和 11 年（1936）另行選址，改以新豐郡永寧庄鞍子的臺糖土地為預定地。[192]

另方面，臺南州民為全力促成臺南飛行場的開發，昭和 11 年（1936）8 月 13 日在臺南公會堂成立了「臺南飛行場設置期成同盟會」，由和田二三松擔任會長、黃欣擔任副會長，選出十位陳情委員提出興建臺南飛行場的訴求，積極奔走。[193] 臺南州臨時州會乃在同年 12 月 23 日通過飛行場的建設案，於昭和 12 年（1937）1 月 30 日舉行地鎮祭（動土儀式），總經費 16 萬 1620 圓，4 個月後完工，同年 6 月 26 日正式營運。[194]

民航時期的臺南飛行場，除了有經營旅客及貨物運輸，另有臺南州國防義會航空團進駐，在飛行場內舉辦多項飛行相關活動，後為因應南進政策的需要，於昭和 15 年（1940）改為軍用機場，成為日本海軍航空隊的訓練基地之一，昭和 16 年（1941）年 12 月 8 日太平洋戰爭爆發後，日軍戰機攻擊菲律賓呂宋島的克拉克美軍基地，就是從臺南機場起飛的，至於民航業務移至永康。

戰後，臺南機場由中華民國空軍接收，政府遷臺後，民國 40 年指定臺南機場為松山國際機場之輔助，臺南航空站屬於軍民合用機場，民航業務則自國 40 年起恢復，有臺北 臺南航線。遠東航空公司至

民國 46 年始加入飛航臺北 臺南貨運（送報紙）航線。至民國 54 年 7 月 1 日高雄航空站成立，始撤銷臺南站之輔助機場業務，但仍維持國內航線之飛航。

　　臺南機場現今仍維持軍民合用機場的使用，除了有飛往金門及澎湖的離島航線外，亦擴建成為國際機場。臺南機場民航場站之經營管理過去均由航空公司辦理，迨至民國 64 年 8 月 1 日民航局始正式成立「臺南民航候機室」。民國 82 年 1 月奉准成立「臺南輔助站」，該時期航站站務由高雄國際航空站派員管理與督導。民國 83 年 1 月正式成立丙種航空站，業務獨立運作，直接受民航局督管。至民國 86 年 9 月 1 日升等為乙種航空站，開始以分組方式經管航站站務。行政院於 100 年 6 月 30 日核定臺南機場為入出國機場，民航局亦於 100 年 6 月 21 日完成兩岸空運協議換文，增列臺南機場為直航機場。自 100 年 7 月 1 日起成為提供區域性國際包機（含兩岸直航）服務之機場。 **195**

臺南航空站

04

臺南道路文化

大道之行

　　臺南市政府於民國 101 年 1 月 31 日制定公布「臺南市道路命名及門牌編釘自治條例」,自治條例所稱之道路,名稱包括大道、路、街、巷、弄,其中「道路寬度達三十公尺,且具有指標意義者,得稱為大道。」[196]「大道」的英文「Boulevard」,通常是在城市中心然後兩邊有對稱樹木或是建築物的大馬路,例如 Hollywood Boulevard(好萊塢大道)。臺南市政府以具發揚文化之精神,適合當地地理、史蹟、習慣、風土民情及表揚善良意義之道路,稱為「某某大道」。

鹿耳門大道

　　鹿耳門大道是安南區南北向主要道路之一,南起本田路與四草大大道相交於十字路口,南至北汕尾路,全長約 1.6 公里。

鹿耳門大道與北汕尾路接口處

四草大道與大眾路交接處路口

四草大道

　　四草大道是安南區南北向主要道路之一，北起本田路與鹿耳門大道相交於十字路口，南至安平安南區界之四草大橋，全長約 4.1 公里。

台江大道

　　台江大道是屬臺南生活圈主要道路之一，西端預定銜接西濱快速公路，中途串聯臺 17 線、臺 19 線，東端計劃銜接臺南都會區北外環道路，為連接曾文溪與鹽水溪岸、並橫貫安南區的重要公路。目前通車段為青草崙堤防至府安堤頂道路之間，全長約 13.8 公里，安吉路（臺 17 甲線）至安明路口為臺 17 乙線。臺南市道路編號 12。台江大道目前已經全線通車，未來臺 61 線及北外環道路興建完成後，為臺南都會區生活圈一小時夢想更邁進步。

台江大道

新港社大道

新港社大道是聯絡臺 1 線與國道 8 號新市交流道至南部科學工業園區的道路，全長 3.6 公里，隨國道 8 號通車後，為滿足南科引進大量就業人口交通需求，興建此大道以聯絡園區與周遭往臺南市區、永康區的交通要道。

新港社大道

西拉雅大道

西拉雅大道位於新市區、善化區，為南科臺南園區（南科）東西向主要道路之一。西起環西路，穿越南科，跨越臺鐵縱貫線，東至臺 1 線；全長約 4.6 公里，寬度 50 公尺，本路於民國 96 年 12 月 29 日舉行通車典禮，當天一早舉行健走、慢跑與自行車巡禮活動，不少民眾攜家帶眷參加，主辦單位安排舞龍舞獅表演，隨後由時任臺南縣長蘇煥智、立委黃偉哲、侯水盛以及新市鄉長鄭枝南等人主持通車剪綵活動。

西拉雅大道

西拉雅大道完工通車後，南科可直通臺 1 線，並可順暢連接國道 3 號善化交流道，有效縮短南科科學園區客貨運輸旅程，並延伸闢建善新大道、陽光大道，南科生活圈正式擴張連結

西拉雅大道之西拉雅大橋

到陽光電城，豐富南科生活機能，有助吸引國內外廠商到南科特定區投資。

目加溜灣大道

目加溜灣大道位於臺南市南科特定區，道路寬 25 米、長 2470 米，西起臺 19 甲線、東至臺 1 線，其中包括跨越台鐵鐵路橋梁一座，通車時間為民國 96 年 10 月 23 日。目加溜灣為善化舊稱，是早期臺灣平埔族西拉雅系目加溜灣社的故地，因位處灣裡溪，後改稱灣裡街，日治大正時期易名為善化街，戰後方改名為善化鎮，縣市合併後改制為臺南市善化區。為結合地方傳統，兼顧當地歷史淵源，當時的臺南縣政府蒐羅當時附近城鎮古地名及平埔族群分支名稱進行討論，決定命名為目加溜灣大道，賦予其歷史地位，更有希望後人不忘本含意存在。

目加溜灣大道

直加弄大道

直加弄大道於民國 96 年 11 月 11 日正式通車，是一條 60 米大道，連接南科特定區「樹谷園區」、178 縣道及國道一號安定交流道，打通南科北邊的門戶，不但可使南科整體向上發展，也會帶動鄰近鄉鎮市的發展。

直加弄大道，東接樹谷大道

直加弄（Tackalan）大道，主要是為了紀念荷蘭時代，居住在安定之平埔族直加弄社，在西拉雅族語中意為「乾草港」。「直加弄大道」上還有一座「木柵港橋」，名字同樣起源於 300 多年前的港口，透過恢復這些平埔族的古語地名，不僅代表臺灣對在地歷史的重視，更是對平埔族群「正名」的最好宣示。

南榕大道

民國 103 年為鄭南榕先生殉難 25 週年，臺南市為紀念鄭南榕犧牲生命，爭取百分之百言論自由的事蹟，以 4 月 7 日鄭南榕先生殉難的這一天，訂為臺南市的「言論自由日」。希望傳承與深化台灣民主自由的價值，讓民主與自由的理念牢牢扎根在這塊土地上、深植在人民的心中。同時，臺南市政府正式宣佈，將市府前原東哲街與西科街兩條街名一致更名為「南榕大道」。希望透過「南榕大道」，讓更多人認識鄭南榕先生捍衛言論意由的堅定意志，並且將這樣的精神發揚擴散。

鄭南榕先生和臺南淵源頗深；除了曾在成功大學就讀，民國 76 年在臺南出發的全臺第一場 228 事件平反活動，就是鄭南榕先生發起的。

市政府前的南榕大道

民國 102 年成功大學命名南榕廣場事件，引發社會討論，並喚起眾多民眾對當年鄭南榕爭取人權的記憶。鄭南榕先生個人的犧牲，是為了讓臺灣打破黨國體制及威權統治的禁錮，召喚了更多台灣人為民主自由挺身而出。

湯德章大道

　　民國 111 年為 3 月 19 日為 228 受難者、人權律師湯德章逝世 75 週年，為了落實轉型正義，臺南市宣布把湯德章紀念公園圓環前的中正路更名為「湯德章大道」並在 4 月 1 日將臺灣文學館的門牌改為「湯德章大道 1 號」。

圓環至忠義路段之中正路易名湯德章大道

湯德章大道 1 號揭牌儀式

湯德章之子湯聰模於湯德章大道門牌前留影

臺南街道故事

人物典故的路名

　　臺南素以歷史悠久，人文薈萃著名，故在府城也常見以望族、舉人、進士、富商或拓墾者之名為街道地名；例如清代的范進士街、黃進士街、本淵寮、陳卿寮等街道聚落，以及近代才出現的成功路、永華路、永福路、逢甲路等道路，所用以命名者，皆是見證府城歷史的重要人物。

范進士街

　　范進士街約在今民族路二段赤嵌樓前面的路段。范進士係指清康熙 57 年（1718）的武進士范學海，由於范學海為進士出身，故其宅前

赤崁樓前的民族路二段昔稱范進士街

的街道被稱為范進士街。

　　府城諺語「袂比得，范進士的旗杆」，即是說比不上范進士宅的
旗桿那麼大，比喻沒人比得上的意思。依清代禮制，中舉者其宅第前
可以設置一對旗桿及旗杆座，用以彰顯身分地位。范學海是武進士出
身，所以其宅前旗桿及旗杆座更較一般舉人所設置還大，故有此諺語
流傳。而今，范進士的宅第及旗杆座早已無蹤跡可尋，其遺址位在赤
崁樓東側的停車場。

黃進士街

　　黃樹德堂又稱黃氏家廟或黃厝祠堂，係黃氏的祭祀公業，為黃化
鯉在清道光 14 年（1834）所建，日治末期因闢防空地而遭拆除，昔日
祠堂前面的旗竿座及古井，已杳然無蹤。

　　黃家三代均得功名，所以黃厝祠堂前
面巷道即稱為黃進士街，就是現今永福路
二段 63 巷。昔日黃進士街兩端各有隘門，
今已不見。附近的總趕宮，創建於明鄭時
代，主祀航海神總管公；總管宮又稱聖公
宮，昔時濱臨台江內海，為漁人所奉祀的
廟宇。道光 15 年（1835）府城士紳、商號
與信徒捐款重建總趕宮，其中黃化鯉捐銀
五拾元，名列捐題之首。

　　黃化鯉，字躍三，臺灣縣廩生。嘉慶
11 年（1806）蔡牽案因獲許和尚有功，奏
准以教職用，任福建省海澄縣訓導。道光
5 年（1825 年）鳳山縣舊城重建，黃化鯉
與吳春祿同任督建總理，順利完成縣城重

重興總趕宮碑記

建工程；得見黃化鯉積極參與地方建設，並熱心公益事業，凡地方有鋪橋、造路、修建廟宇等工程，皆大力出資助其修建。總趕宮內供奉黃化鯉長生祿位一座，足見黃氏極為世人推崇。

永福路

永福路含括舊武廟街與下橫街，民國 40 年（1951）左右為紀念劉永福將軍，改稱永福路。民國 75 年與新生路合併，府前路至健康路間的原新生路劃為永福路一段，民族路至府前路間的永福路劃為永福路二段。此外，永福里、永福國小也具同性質之命名。

清光緒 20 年（1894）甲午戰爭爆發，劉永福被調往臺灣，任幫辦軍務。甲午戰爭清朝戰敗，臺灣被迫割讓與日本，臺灣民主國成立，劉永福出任大將軍，防守臺南城對抗日軍，黑旗軍在抗日的義勇軍中扮演著重要的角色。

劉永福的黑旗軍與各地義軍緊密配合，分別於新竹、大甲溪、彰化、嘉義等地，與日軍作戰數十回。當上述地區相繼失守後，日軍集中兵力南北夾攻臺南，臺南城中彈盡糧絕，各軍將士多已饑餓得不能起立，劉永福深感無力回天，只好聽從部眾建議，於 10 月 19 日晚帶領十多名部屬搭乘英國商船淒然離臺。

臺南市 武廟

祀典武廟前的永福路，昔日稱武廟街／相良吉哉《臺南州祠廟名鑑》，1933。

逢甲路

逢甲路即小西門以南的道路，係紀念清末抗日人物丘逢甲而命名，民國 73 年（1984）併入西門路，劃為西門路一段。

雖已無逢甲路名，部份老舊屋宅猶留存門牌

丘逢甲，字仙根，晚號倉海君；原籍廣東省鎮平縣，清同治 3 年（1864）生於今苗栗縣銅鑼鄉，26 歲中進士。馬關條約簽訂後，與唐景崧及臺灣士紳議商成立臺灣民主國，並擔任副總統，兼義軍領袖。6 月基隆失守，日軍即將進佔臺北城之際，唐景崧倉皇離臺，臺北義軍潰散，邱逢甲見事不可為，乃攜眷返回祖籍廣東。

他曾於清光緒 19 年（1893）應臺灣巡撫唐景崧之聘，擔任臺南崇文書院山長，講學臺南期間與當時臺南文人往來密切，也曾加入由許南英、陳望曾、施士洁、汪春源等人所設立的詩社「崇正社」，為臺南詩社之濫觴。

歷史遺跡的街名

府城古蹟之多、文物之豐，冠於全臺。王城、王城西社、赤崁、枋橋頭街、大井頭、春牛埔、東門街、南廠、石龜塭、烏橋、乞食寮、大銃街這些街道歷史遺跡見證了臺灣先民披荊斬棘、開疆拓土的精神，更見證了臺南市發展歷程。

枋橋頭街

枋橋頭的位置在民權路臺南公會堂前，而枋橋頭街即今臺南公會堂東側與中山路之間的民權路。

枋橋頭自明鄭時期即為府治的交通要衝，官府往來必經之所，因有一水溝（即枋溪）流貫其中，故在水溝兩岸間架巨木大枋為橋，以利通行。該地因位於大枋橋的頂端，故以「枋橋頭」命名，其後更形成街肆枋橋頭街。

枋橋頭的吳家，自吳春貴承販臺鹽致富，而後其子吳尚新繼承家業，於重建洲南場後，承銷食鹽業務大為發展，家境日隆。道光初，吳尚新乃將其宅第北邊原屬荷據時期荷蘭通事何斌的庭園舊址加以收購，沿著地勢的高低建構庭園，並聘名匠仿照漳州城外飛來峰的形勢，布置假山，池臺水閣，奇花異木，極盡美觀，名為「吳園」，俗稱「樓仔內」，與板橋林家花園、新竹北郭園、霧峰萊園號稱臺灣的四大名園。

因當時吳家的財富為府城之冠，庭園的美輪美奐，亦堪稱甲於全臺，所以臺南有句俚諺說：「有樓仔內有的富，也無樓仔內的厝」、「有樓仔內有的厝，也無樓仔內的富」，連雅堂於《臺南古蹟志》亦言：「枋橋吳氏，為府治巨室，園亭之勝甲全臺，而飛來峰尤最。」吳園景觀優美，園內有迴環洞達的假山，也有水清而綠的池塘，雖處城市之中，卻饒有山林之趣，因此吳園除了是吳氏怡情養性之所外，更是當時官紳雅集的場所，臺南名進士施士洁的數首詠吳園詩，鮮明地反映當時吳園盛況。

迨至日人領臺後，因臺南地方缺乏集會開宴的適當場所，所以日人常假吳園開會設宴。又因吳家宅院樓房很多，乃將一部份借給日人開設四春園旅館，而後日人進行籌設臺南公館，吳家子孫受迫於政治壓力，遂將吳園以一萬元售予臺南廳。日人收購吳園後，即將北邊的庭園池閣修建保存，供觀賞遊覽；南邊靠枋橋頭街數座廳房拆除，建築臺南公館。吳園經日人的整建後，規模氣局也就大非昔比。日治時期吳園的景觀雖不復往日恢宏，但仍是臺南最美麗的庭園，所以當時文人雅士，如許南英與南社諸同仁常假此酬吟。及至日治末期，日本

枋橋頭街吳園

軍部徵用吳園，禁止人民參觀，其間亭軒塌毀，池塘亦乾涸，光復後又經部隊的駐居及軍眷、違建戶的摧殘，除假山尚屹立外，園址景觀已荒蕪不堪。近年重新整修，吳園得以風華再現。

大銃街

大銃街即今自強街，自開基天后宮往北至公園南路附近。清朝林爽文事件後，官方在小北門設置銃砲，該街地處小北門附近，為出入府城北境的重要街道之一，因而得名「大銃街」。大銃街古時因有德慶溪流入臺江，南段有舊稱水仔尾，北段則有古井烏鬼井。

烏鬼指荷蘭統治臺灣時的黑奴，大銃街的古井係荷蘭人命黑奴開鑿之井，所以稱為「烏鬼井」；當時南北商船悉於此取水，以供日用。

大銃街尾的豆仔市，在今自強街與長北街交會口附近。昔日小北門外農家，皆挑穀物在此交易形成市集，除五穀雜糧外，豆類為交易的主要農產品，故名豆仔市。在豆類貨源供應充分下，又有烏鬼井的優美水質，所以大銃街發展出豆腐、豆皮、醬油等豆製食品；烏鬼井

大銃街即今自強街

周邊有很多豆腐攤，自製自賣豆腐、豆皮，甚至挑到街上或外地叫賣，口味奇佳，遠近馳名；大銃街一帶曾有多家製造醬油的醬油坊，在時代變遷下，這些醬油坊皆已消失。

在大銃街全盛時期，附近既為醬油產地，又有遠近馳名的豆腐，加上商旅雲集，南北貨充斥，而在元和宮廟埕形成一個小吃攤販集中地，有的開店營業，有的挑擔、推車就地叫賣，直到民國 60 年代，元和宮收購廟前土地闢建道路，此一流傳甚久的小吃市集才從府城消失。

馬兵營街

馬兵營街即舊臺南地方法院位址，係明鄭時期軍隊的騎兵營址，因此而得名。俗諺「食水馬兵營」，是指馬兵營的井水甘美，極適合飲用的意思。早期臺南的飲用水都含有鹽分，只有馬兵營的井水清冽甘美。因此，明鄭時期才會選擇此地屯駐馬兵。

日治明治 40 年（1907）馬兵營街打通拓寬後，其兩旁街道可明顯看出房屋宅邸的遺址，相傳連橫曾居住在這一帶，而後才被徵收為臺南地方法院的建築用地。連橫《臺南古蹟誌》中亦曾提到馬兵營，並留下「海上燕雲涕淚多，劫灰零亂感如何！馬兵營外離離柳，夢雨斜陽不忍過」思念故居的詩作。近年臺南市政府在臺南地方法院外牆邊豎立「馬兵營遺址」與「史家連雅堂馬兵營故址」二方石碑，用以標示該地的歷史意義。

馬兵營街遺址碑

總爺街

總爺街即今崇安街，係通往總鎮標營，總兵出入之處，故名。此街因防禦上的需要而形成「工」字街型道。昔日府城之街道於路口每有廟宇的設置，一則祈安，一則作為防禦的據點，故在總爺街的二個路口有鎮轅境（頂土地公廟）及總祿境（下土地廟）兩座土地公廟的建立。今街道兩旁仍保存多間傳統民屋，路以紅磚石塊鋪成，形成特殊的景觀。

總爺街也是清朝時期城外經由大北門進入府城的主要通衢，所以這條街成為商店街，有各式各樣做生意的店，因此有「九萬二十七千」之稱，即財富萬元者有九家，千元者有二十七家，形容當地的富庶。傳說此地為蜈蚣穴，蜈蚣頭即鎮轅境，頂土地廟兩側 V 字形街，即鬍鬚；蜈蚣尾端即總祿境，擋住由上而流下的錢水，為民眾守住財富；蜈蚣有三十六隻腳，因此才會有三十六戶富有人家。

總爺街頭之鎮轅境土地公廟

總爺街尾之總祿境土地廟

二府口街

臺灣海防廳俗稱二府衙,係相對於臺灣府署而言。臺灣海防廳的職務在稽查各港口船隻出入,所以其衙門即設在瀕臨臺江內海處。衙門口附近統稱二府口,現為友愛市場西側的府前路一段304巷。臺灣海防廳北面側邊的巷道,俗稱二府衙邊街,即今永福路二段35巷。二府口的福安宮,主祀李王爺、夫人二神尊,乾隆17年(1752)以前即已建廟,猶留存清咸豐5年(1855)臺防同知洪毓琛敬獻匾額「福海安瀾」一方。

二府口監生沈耀汶,娶妻蕭氏;後沈耀汶因故過世,留有二子,時蕭氏年僅27歲。蕭氏為夫守節,獨立撫育二子,並善盡孝道侍奉公婆,節孝之行備受坊里敬重,清嘉慶3年(1798)朝廷旌表,並立節孝牌坊。今蕭氏節孝坊猶立於二府口巷道,為臺南市定古蹟,節孝名垂千古。

廟宇信仰

臺灣早期的聚落發展率皆以廟宇為中心,在日聚愈眾的情況下形成聚落、城鎮,並常以廟名作為地名。府城素以廟宇眾多而聞名,寺廟到處林立。相傳昔日曾有一文人雅士,偶有所感,以府城街巷寺廟名撰寫一對聯「四

二府口街蕭氏節孝坊

嫂腳踏金葫蘆，直進嶺前拜上帝」，令人唱對。隨即有一人唱對「七娘手提紅布袋，轉入竹行拜觀音」，一時傳為巧對佳話，流傳至今。

四嫂係指昔日一慈悲為懷的婦女，樂善助人，坊里皆尊稱四嫂而不呼其名，其所住陋巷便稱為四嫂巷，即今民權路一段 199 巷；在四嫂巷的東側有一茶葉店，店內櫃臺擺放一隻木質金色葫蘆做招牌，時日一久，金葫蘆由商標變成街道名；嶺前指嶺前街，即民權路。上帝指北極殿。七娘指開隆宮的七娘媽，開隆宮前的小巷稱為紅布袋巷，舉行成年禮之前，胸前所掛庇祐平安的絭，也稱紅布袋；竹行位址在今民族路大遠百華納威秀影城，觀音指大觀音亭。

所以府城街道常見「街道地名沿用廟稱」的情形，諸如嶽帝廟街、清水寺街、呂祖廟街、七娘境街、五妃街、保西宮街、福安宮街、媽祖樓街、水仙宮後街、藥王廟街、關帝廳、關帝港街、媽祖港街等名稱皆是反映府城豐富的信仰文化。

呂祖廟街

呂祖廟奉祀呂洞賓，其廟已毀，遺址在府中街 98 巷內。臺灣俗諺「攜籃假燒金」典故，源自府城，傳世的二種情節內容，皆為呂祖廟中姦情敗露的慘劇。

相傳清朝末年，府城有位屠夫之妻與呂祖廟內法師暗通款曲，經常假借到廟裡上香燒金名義，與情郎幽會。但依民間習俗，到廟參拜時除了金紙，還會準備糕餅等敬神供品，因屠夫之妻每次都忘了帶糕餅回家，因而行跡敗露，這對姦

光緒 15 年（1889）「改建呂祖廟碑記」拓本／臺灣文化三百年紀念會所編《臺灣史料集成》，1930。

夫淫婦被屠夫捉姦在床，當場將兩人殺死在廟後廂房。

另一情節則是日治時期報紙刊載的故事；昔時有位懷才不遇秀才到他鄉出仕，獨留貌美妻子及女兒在故鄉，秀才之妻常往呂祖廟上香，有個屠夫垂涎其美色，私下請道姑介紹相識，久而兩人發生姦情。後姦情敗露，秀才向官府告狀，嚴懲姦夫淫婦。

昔日奸邪者假呂祖廟行傷風敗俗之事，所以另一句俗諺「呂祖廟燒金，糕仔袂記攜來」，係指到呂祖廟燒香拜拜，只提盛籃，拜拜所需的金紙與糕餅卻沒帶；即是形容一個人表面上做一件事，暗地卻偷偷做另一件事。

岳帝廟街

因位於岳帝廟前而稱為岳帝廟街，《臺灣縣志》所附輿圖中，十字街東側有岳帝廟街，為廟前東西向的街市；其後演變為岳帝廟前南

東嶽殿前的道路昔稱岳帝廟街

北向的街巷，至晚在乙未割臺時，就稱現今府前路一段 90 巷的北段為岳帝廟街。

岳帝廟，主祀東嶽大帝，也作嶽帝廟，又稱東嶽殿，創建於明鄭時期，或云永曆 23 年（1669）。東嶽即泰山，相傳東嶽大帝職司泰山，權掌人間的福、祿、壽，懲惡罰奸，被喻為陰間「最高法院」。因其為陰司地府的主神，所以岳帝廟向來以拔渡亡魂的打城法事聞名。

府城俗諺「會顧得東嶽，袂顧得城隍」，意指東嶽大帝和城隍爺都是人間生靈的主宰，兩座廟都要禮敬。由於岳帝廟和城隍廟都具有守護地方的功能，歷來官方都很重視，在臺地方官員也經常倡議整修。但是岳帝廟和城隍廟的位置很接近，神格性質也相近；因此，顧得了岳帝廟就顧不了城隍廟，顧得了城隍廟就顧不了岳帝廟；所以有此諺語流傳。比喻顧得了此神就顧不了彼神，即一身無法兼顧或分身乏術。

媽祖樓街

媽祖樓街因媽祖樓天后宮而得名，即指忠孝街及忠孝街 116 巷、93 巷附近。媽祖樓天后宮座落之處為今成功路與海安路西南側，此地原為清代臺灣軍工道廠的出口河道，名為「哨船港」，廟址原是一供水手休息之工寮，相傳先民自大陸移居斯地時，由湄洲攜媽祖香火來到本地，將香火安放在工寮閣樓上，未幾其人離去而把香火遺下，其後里民及往來五條港之船隻常於夜間看見香火發出毫光，引導船隻平安航行，驚異非常，紛謂乃媽祖靈威顯象之故。遂於乾隆 20 年（1755）鳩眾集資建廟，以媽祖香火安奉閣樓上，故而命名為「媽祖樓」。

媽祖樓一帶在清雍正年間逐漸淤積成陸，港汊分佈，成為先民進入府城的登陸地點之一，並利用天然的港汊發展工商業，在乾隆初年發展成媽祖樓街。乾隆 17 年（1752）王必昌重《臺灣縣志》，街市項下即載有此一街名，足見歷史悠久。

媽祖樓街位於媽祖樓前，即今忠孝路

　　據相關碑文資料的記載，媽祖樓街早期有多家專門榨油的油車廠，附近有兩座民間造船廠，分別稱為南、北小廠。南小廠由吳姓族人經營，遺址在北頭里內；北小廠為陳姓族人經營，舊址在今民族路三段旁，時人稱為「廠仔內」。

　　此外，據地方耆老表示，該地早年以刺繡及刺針最為聞名，也有專門研磨中藥的「粉間」。但是到了日治時期，這些行業多已不存，代之而起的新興行業是織布廠；其中以和春織布廠規模最大，以及侯雨利家族所開設的新復興織布廠。

　　媽祖樓街從清代到日治時期曾歷經一段繁華歲月，目前剩下一大片密集的住宅區，整個市街的發展也隨著海岸線的西移而改變，留下一縷思古幽情。

清水寺街

　　清水寺街係沿溝仔底而形成的街道聚落；街道範圍以清水寺為中心向四方延伸，主要的舊街道有油行尾街及清水寺街。溝仔底（又稱枋溪，現已淤積改成地下暗渠）為德慶溪的重要支流，源自東門圓環附近，向北流經清水寺前方，再經太平境教會、吳園藝文中心，終在

今遠東百貨公司前注入德慶溪。銀同祖廟與吳園藝文中心間的溪段稱溝仔底，其沿溪兩側的地方統稱溝仔底。

油行尾街原稱油行街，據高拱乾《臺灣府志》卷二〈規制志〉市鎮：「油行街。在東安坊，街俱研油，故名。」[197] 康熙 58 年（1719）陳文達《臺灣縣志》卷之二〈建置志〉集市：「油行街。在東安坊，街多賣油，故名。大埔尾街，在東安坊。嶽帝廟街，在東安坊。」[198] 可知清領有臺灣康熙初期，溝仔底沿岸至山仔尾間已有油行街（溝仔底段）、大埔尾街、嶽帝廟街，俱在東安坊。乾隆 17 年（1752）王必昌《重修臺灣縣志》卷一〈疆域志〉街市：「嶽帝廟街、大埔街、油行尾街，以上俱東安坊。」[199] 原來的大埔尾街，已向東發展延伸成大埔街。而油行街繼續向南發展延伸稱油行尾街。由《重修臺灣縣志》城池圖可知，嶽帝廟前街、仁厚境街約略與油行尾街平行，再分別接上大埔街，出小南門。

清水寺街因當地居民建有一座清水寺而得名，考其街道形成時間，乾隆 6 年（1741）劉良璧《重修福建臺灣府志》、乾隆 16 年（1751）王必昌《重修臺灣縣志》以及乾隆 28 年（1763）年余文儀《續修臺灣府志》等志書皆無清水寺街的記載，而清水寺街最早出現的文獻為嘉慶 12 年（1805）謝金鑾《續修臺灣縣志》所載：「清水寺街，側出，乾隆四十四年里人蕭隆、石炎鳩眾修，其崎上西路三十五丈。嘉慶十年國子生黃拔萃砌，其崎下東路四十一丈五尺。」[200] 據此推論其形成應在乾隆 16 年（1751）至乾隆 44 年（1779）之間。隨著街道聚落的形成，里人蕭隆、石炎鳩眾修造清水寺街西段道路，嘉慶 10 年（1805）黃拔萃出資鋪設東段石板路，全長約 233 公尺。

道光 10 年（1830）陳國瑛等《臺灣采訪冊》的〈臺邑街市〉也記錄：「四嫂巷、清水寺街、柱仔行、油行尾，以上偏南。」[201] 更具體描述本街區週圍相關街道的位置。及至同治 5 年（1866）黃應清等府城縉紳也捐資修造，使得「清水寺路煥然一新，三處橋梁次第成之。」[202]

清水寺的觀世音神像傳系當年流水所漂來者，該佛像及寺廟遂俗稱水流觀音，清水寺街也稱水流觀音街，唯此一名稱始見於光緒元（1875）年《臺灣府城街道全圖》，在此之前的志書文獻皆稱清水寺街，該圖資標示之水流觀音街即今開山路 3 巷與府前路一段 122 巷。

日治時期經由道路計畫成為直通圓環的街道，此時許多商業行為紛紛興起，成為一處繁榮的庶民住商區，使街道的繁華在此刻達到巔峰狀態。大正公園圓環開通前，南北向街道較東西向熱鬧，圓環開通後東西向街道成為直通圓環道路，帶動街道的許多商家與商業行為，成為一處繁榮的庶民住商區。

日治初期，日人在石像公園（今湯德章紀念公園）東側，兩廣會館之北，興建臺南武德殿，[203] 即所謂第一代臺南武德殿。第一代臺南武德殿自興建完成後，即作為臺南武德會練武的場所，直到昭和 11 年（1936）10 月 20 日臺南武德會支部才遷移至新武德殿。[204] 在清水寺街

清水寺街之古井

的演武場則作為警察射擊的靶場，及至昭和 12 年（1937）8 月原在安平的臺南史料館遷移至此，並在 11 月 1 日開幕，改稱「臺南市歷史館」。二戰末期，臺南歷史館遭空襲而嚴重毀損；戰後初期，曾修護改作為臺南市團管區司令部，迨至民國 72 年（1983）重建成為臺南市中區區公所，[205] 即今中西區區公所。

溪流是府城舊城區中重要的記憶，流經現今中西區公所後方的枋溪也是相當重要的一條，過去枋溪是由溝仔底（開山路 3 巷與府前路一段 122 巷）與山仔尾溝（開山路與開山路 29 巷）於現今清水寺前方交會而成，雖然現在都成為地下暗渠，但其水文紋理已轉變成現在的巷弄，貫穿中西區銀同社區，走在其巷弄中仍可感受到溪流的蜿蜒。由於溝仔底與山仔尾溝的紋理貫穿，讓銀同社區內部的巷弄更顯的曲折複雜，社內保有相當數量的老屋，臺南市政府已於民國 102 年（2013）進行清水寺街（開山路 3 巷）的改造工程，利用花崗岩與觀音石等不同石材的排列，在清水寺古井前方開放空間塑造溪流匯聚，以及溝仔底與山仔尾溝流經的意象，自溝底傳來潺潺水流聲，饒富雅趣。

方向指標的路名

上下左右、前後內外、東南西北等以相關位置來表示方位的地名，在府城也處處可見，例如上橫街、下橫街、舊南勢街、新南勢街、北勢街、新北勢街、頂南濠街、下南濠街、內南濠街、看西街、頂粗糠崎、下粗糠崎、頂大道、下大道、頂土地、下土地、頂太子、下太子等舊稱。

南勢街

中西區南勢街係位於昔日南勢港南岸，向東可延伸到水仙宮南側，即今民權路三段附近（仁愛街至民權路三段 143 巷）。南勢街與頂、下南濠街在五條港商況興盛時期，郊商雲集，為南北貨的集散地，船

筏所載商貨的搬運，由俗稱「苦力」的碼頭工人承擔，並有固定的勢力範圍，形成特定姓氏壟斷某碼頭的情形。「南沙宮盧、南勢街郭」這句話指的是南河港附近的盧姓、郭姓兩大姓，分別以南沙宮與西羅殿為凝聚同姓族人的精神堡壘。郭氏族人的發展雖以南河港下游為中心，但其先祖興建聖王公館的地點，昔日屬南勢街，故稱「南勢街郭」。

早期郭氏族人係一群以拉縴為生的碼頭工人，在南河港立足後，始建聖王公館（即西羅殿）奉祀俗稱「郭聖王」的廣澤尊王，以宗教力量團結族人，成為開發地方的一股強大力量，使得郭姓族人以「聖王公館」的精神信仰中心，凝聚成南河港碼頭與鎮渡頭的主力。昔日郭姓宗族不僅人多勢眾，後因協助官府平亂有功而受封，遂發展成有權勢的大姓。因此，他們奉祀的「聖王公館」早期是不允許外姓進入參拜的，後來才逐漸開放，但仍由郭姓族人執掌廟務，且在該館進行的「做十六歲」習俗向有祭拜及請親友吃紅龜粿的舊例，而在坊間留下「弟子姓郭，紅龜吐滿地血」的俗語。

南勢街西羅殿

看西街

　　看西街即今仁愛街 43 號以南到民生路之間，位於昔日南河港與安海港之間，由於當時所建的房屋座向均朝西面海而得名。昔時此地舳艫相望，為船隻貨物集散地，貨物以藥材及南北貨為主，同時也是經營布料染整業者集中的地方。

　　看西街基督教會原位於仁愛街 43 號，初創建於清同治 4 年（1865）。據看西街基督教會沿革記載，首任宣教師馬雅各醫生在同治 4 年（1865）5 月 27 日與牧師杜嘉德、傳道師陳子銘及吳文水、黃嘉智等人抵達臺灣；最初借住英商天利行，後來得當時海關人員馬威廉的協助，在看西街租屋設置醫館及禮拜堂。同年 6 月 16 日在府城展開醫療傳道的工作，所以看西街被視為是長老教會在臺灣設教宣揚福音的發源地。

　　馬雅各醫生的工作受到本地醫生及保守群眾惡意中傷，造謠說馬

仁愛路 41 號與 43 號間的巷道，43 號是看西街基督教會遺跡

雅各醫生取人心肝、挖人眼睛去做藥，引起府城民眾騷動，以致醫館與傳教所皆被搗毀。馬雅各有感於無法在府城居留，乃轉往打狗、旗後繼續醫療傳教的工作，直到同治7年（1868）才又回到府城，並在二老口亭仔腳開設教會與醫館，俗稱「舊樓醫院」，重新開始府城的傳教工作。

日治昭和14年（1939）3月，信徒重新在看西街附近設立「太平境教會永樂支會」。隨著教友日增，禮拜堂早已不敷使用，所以在民國40年（1951）決議在宣教發源地附近重建禮拜堂，並在民國44年6月16日舉行獻堂典禮，稱為「南部設教紀念教會」，而後在民國54年正值宣教百年，改稱「臺灣宣教紀念教會」，深具歷史意義。

看西街教會

南河街即今和平街

南河街

南河港為昔日五條港之一，從鎮渡頭向東到大井頭一帶；頂南濠街（頂南河街）、下南濠街（下南河街）係沿著昔日南河港而形成的

街道，即今中西區和平街。南河港的居民以郭、盧二姓碼頭工人為主，盧姓族人以南沙宮為信仰中心，創建於清乾隆 11 年（1746），奉祀黃府千歲，係盧姓碼頭工人的保護神。

民間流傳著「千年鎖與萬年龜」的故事，據說：乾隆初年南河港出現黑龜精水怪，也稱萬年龜，經常興風作浪，危害百姓與航行船隻。乾隆 4 年（1739）遂建立風神廟，用以鎮壓；風神與其部將雖然鎮住水怪四肢，但是水怪頭部仍然可以轉動、繼續吐水，阻擾航行。乾隆 42 年（1777），臺灣知府蔣元樞建立「千年鎖」的石坊，上置聖旨牌鎮住龜頭，石柱鎖住脖子；終於制伏水怪，從此風平浪靜。

時代標識的街道名稱

街道地名是歷史的記憶與土地符號。臺灣在過去曾歷經不同國家的政權統治，每個政權都以行政力量去改變地名，留下許多彰顯政治教化的街道地名。

二戰後，臺南市的街道與區里重新命名，新路里名稱每以儒家思想的理想來命名，如忠信里、崇德里、忠孝街、仁愛街、信義街、和平街等；或彰顯時代意義的政治教條與領袖人物，如復國里、自強里、民族路、民權路、民生路、光復路、成功路、勝利路、武穆街（後改建國路，即今民權路一段）、逢甲路、永福路、中山路、中正路等皆是。

在現代的街道路名當中，中山路與中正路幾乎各鄉鎮市都有，均是以政治人物命名的街道。據統計，臺南市 36 個行政區的中山路共有 20 條，中正路則有 22 條。中西區中山路的闢建源於日治時期的大正町，自臺南火車站廣場到今湯德章紀念公園，民國 35 年大正町改稱中山路。道路兩側種植鳳凰樹，形成林蔭綠色隧道，每年夏天鳳凰花開，一片火紅，極富南國情調。可惜約在民國 57 年因拓寬馬路而剷除兩側鳳凰樹，綠色隧道遂消失。

　　中西區中正路的闢建源於日治時期的末廣町，為延續大正町通往臺南運河的交通路線。店舖住宅市街於昭和 7 年（1932）興建完成，為臺南市第一條經由整體規劃的市街；當時臺南市最大的百貨公司「林百貨」即位於末廣町，今忠義、中正路口，其建物至今猶存。完成後的市街商業興盛，使末廣町博得「銀座」的美名，成為臺南市最熱鬧的道路之一。

　　民國35年末廣町易名為中正路，至今仍有多間店面保留昔日外觀，金融機構、婚紗服飾、民生用品等公司行號密集，現在中正路仍是市區主要的商街。

中西區中正路底之中國城，現已拆除闢建河樂廣場

結語

　　檢視進出臺南的交通方式，今昔最大差異，表現在交通工具以及路徑的改變。就交通工具而言，在日治時代之前，牛車是代步與運載主力，也是陸路主要交通工具，「查臺郡西面大海，其東為臺邑郊外地——通羅漢門一帶，南與鳳山接壤，北門則諸、彰、淡水往來要衝。海濱沙土高下不齊，崩崖圻岸，登涉為難；夏秋霖雨，尤苦泥濘。又鄉遂之民赴郡貿易，皆用牛車綑載；是以城內雖無河道，而絕潢斷港，時接於道，是必藉橋梁始可以通行旅。」[206] 這是臺灣知府蔣元樞（乾隆40至43年在職）任內，進行臺灣各地橋梁建設時留下的觀察與紀錄，具體書寫當時普遍的交通工具是牛車，橋梁是通行旅的公共建設。

　　牛車在當時是交通主力，平地原住民也是「出入皆乘牛車」，所以《諸羅縣誌》留下「引重致遠，皆以車。漢庄、番社無不家製車而戶畜牛者。」[207] 的記載。除陸運仰仗牛車，在《康熙臺灣輿圖》中，清楚描繪府城西緣濱海處，在臺江內海除有小型船隻停泊外，也有牛車行走在淺灘區；由於臺江內海淺灘區無法停泊船隻，所以人員或是物資進出府城，就必需借助牛車接駁搬運，牛車在臺江內海尚未陸浮之前，也是水路進出府城不可或缺的交通工具。直到日治時期，闢建縱貫道路與鐵路，汽車、火車逐漸漸取代牛車成為客貨運輸主要交通工具。

　　在20世紀之前，境外進出臺灣本島或臺南，搭乘船隻走水路是唯一的路徑，即使是島內移動，也常搭乘船隻進出臺南，西元1871年4月5日，湯姆生（John Thomson）與馬雅各醫生即是從打狗乘船北上臺灣府，湯姆生一行人搭乘福爾摩莎號（Formosa）輪船來到安平港，他們是如何上岸進臺南呢？湯姆生有詳實記錄：

　　這個中國海盜當初停泊的港口，如今是一塊乾燥的平原，其上有條大道穿過，還有一條通往臺灣府古港口的運河。一小部分的平原在

漲潮時會被淹沒，但是砲臺周圍的水現在卻非常淺，因此船隻必須要像我們剛才一樣，停泊在兩哩外的海上。想穿越這些淺灘，也不是件容易或安全的差事，至少在海面洶湧時是如此；若吹的是西南季風，那就更不可能通過了。

我們乘坐大竹竿扎綁的竹筏上岸，竹竿先用火烤彎使其呈凹型，再用藤條綁在一起。一塊結實的木板固定在竹筏的中央，支撐上頭張著大蓆帆的桅杆。整個竹筏的設計沒有用到一根釘子，而最奇特的一點，就是乘客坐的地方不過是個大桶子。我原本以為這是當地洗衣婦用的桶子，我們這些坐在裡面的乘客，全身被水濺濕時就像桶子裡的濕衣服一般，一有大浪便連人帶桶一起沖滾至海灘上晾乾。我們乘坐進去的那個桶子可以容納四個人，蹲在裡面只能看到桶頂邊緣。由於感覺不太舒服，所以我們離開桶子坐在竹筏的板上，浪花湧來時，我們的手腳都要緊緊抓住竹筏，免得被沖走。 **208**

1871 年 4 月 5 日湯姆生搭乘輪船到安平港後，改坐以人力撐渡的竹筏，航行舊運河（清末三郊闢建的五條港運河，約今民權路四段、三段）進臺南府城。

明治 41 年（1908）縱貫鐵路通車後，經由車站搭乘火車成為進出臺南的主要路徑與交通工具。臺南機場雖在日治時期已設置，但民航機的使用是在民國 40 年後才較普及，以搭乘飛機坐為進出臺南的路徑，以離島旅行遊客居多。民國 96 年 1 月 5 日臺灣高鐵通車營運以來，搭乘高鐵成為許多人進出臺南的選項，惟到市區需藉助其他交通工具，高鐵則規劃有快捷公車接駁。清代時期搭船走水路以牛車接駁進出臺南，現代則是搭高鐵以公車接駁；不同的時代，以不一樣的交通工具與交通路徑進出臺南。

二戰後，走水路進出臺南已不再是必要選項，會採用水路進出臺

南，通常是進行離島旅行，而且是到澎湖馬公或其附屬各島；民國 35 至 38 年之間，澎湖運輸公司之千歲輪、開澎輪航行於馬公與安平之間；及至民國 75 年臺澎輪船航運公司申請安平馬公航線客運，隔年臺澎航運以 4,851 噸，載客量 1,264 人的「快樂公主輪」首航馬公；馬公安平之間的快樂公主輪，後來因為汽車駛上駛下及碼頭泊位等問題，而多次停航又復航，最後在民國 81 年停駛，民國 83 由「豪華公主輪」續航一年。另有海燕一號行駛臺南將軍漁港與龍門（澎湖縣湖西鄉龍門漁港），未幾即停駛。[209] 直到民國 105 年臺南市政府與臺灣港務公司合作，開闢安平港到澎湖東吉島航線，「東吉福氣輪」於 5 月 28 日正式啟航，之後移至將軍漁港，改以「雙吉福氣輪」航行；民國 109 年華岡集團東聯航運公司旗下高速客輪「麗娜輪」開闢往返安平港至馬公港航線，業者本欲打造新藍海公路，但啟航之後，受外在環境影響而停航。

　　從傳統的牛車、船筏到當代公路、輪船以及飛機航空，在不同的時空環境行駛在臺南這個生活圈；輯錄彙整志書文獻關於臺南的交通史料，並記錄當代臺南交通現況，串聯 400 年來進出臺南之交通。

注釋

[1] 黃叔璥，《臺海使槎錄》（臺北：臺灣銀行經濟研究室，1957），頁 102。

[2] 中央研究院臺灣史研究所，臺灣日記知識庫，https://taco.ith.sinica.edu.tw/tdk/%E7%
86%B1%E8%98%AD%E9%81%AE%E5%9F%8E%E6%97%A5%E8%AA%8C/II-
E/1644-03-20/202308.10。

[3] 村上直次郎譯注，中村孝志校注，郭輝譯，《巴達維亞城日誌》第二冊（臺北：臺灣
省文獻委員會，1970），頁 423。

[4] 中村孝志，〈荷領時代之臺灣農業及其獎勵〉《臺灣經濟史初集》（臺北：臺灣銀行
經濟研究室，1954），頁 58。

[5] 陳碧笙校注，《先王實錄》（福州：廈門大學臺灣研究所，1981），頁 190。

[6] 梅氏 Philip Meij. 著，江樹生譯注，《梅氏日記》，《漢聲雜誌》132 期，頁 50-51。

[7] 黃偉智《省道臺一線的故事》（臺北市：大雁文化出版，2011），頁 72。

[8] 黃偉智〈統治之道 — 清代臺灣的縱貫線〉，國立臺灣大學歷史研究所碩士論文，
1999，頁 289。

[9] 不著撰者《灣府輿圖纂要》（臺北：臺灣銀行經濟研究室，1963），頁 64。

[10] 黃偉智，《省道臺一線的故事》（臺北：大雁文化出版，2011），頁 72、238。

[11] 尹士琅，《臺灣志略》（香港：香港人民出版社，2005），頁 168。

[12] 尹士琅，《臺灣志略》（香港：香港人民出版社，2005），頁 168。

[14] 尹士琅，《臺灣志略》（香港：香港人民出版社，2005），頁 169。

[15] 郁永河，《裨海紀遊》（臺北：臺灣銀行經濟研究室，1959），頁 17-18。

[16] 碑文收錄於何培夫編，《臺灣地區現存碑碣圖誌臺南縣篇》（臺北：國立中央圖書館
臺灣分館，1994），頁 153。

[17] 陳冠妃，〈城市建設與圖像表達：以 1766 年臺灣知府蔣允焄《東瀛紀典》為例〉，《臺
灣史研究》26：4，2019.12，頁 1-50。

[18] 周鍾瑄，《諸羅縣志》（嘉義：嘉義縣政府，1983），頁 33。

[19] 碑文收錄於何培夫編，《臺灣地區現存碑碣圖誌臺南縣篇》（臺北：國立中央圖書館
臺灣分館，1994），頁 82。

[20] 黃叔璥，《臺海使槎錄》（臺北：臺灣銀行經濟研究室，1957），頁 13。

[21] 不著撰者，《福建通志臺灣府》（臺北：臺灣銀行經濟研究室，1960），頁 127。

22 碑文收錄於何培夫編,《臺灣地區現存碑碣圖誌臺南縣篇》(臺北:國立中央圖書館臺灣分館,1994),頁 33。

23 劉家謀,《觀海集》(南投:臺灣省文獻委員會,1997),頁 52。

24 富田芳郎,《臺灣鄉鎮地理學的研究》(臺北:臺灣風物雜誌社,1954),頁 15。

25 周鍾瑄,《諸羅縣志》(嘉義:嘉義縣政府,1983),頁 161。

26 周鍾瑄,《諸羅縣志》(嘉義:嘉義縣政府,1983),頁 165-166。

27 周鍾瑄,《諸羅縣志》(嘉義:嘉義縣政府,1983),頁 146。

28 〈臺南廳下交通機關現狀(下)〉《臺灣日日新報》,1905 年 8 月 6 日,3 版。

29 陳文達,《臺灣縣志》(臺中市:臺灣省文獻委員會,1958),頁 322-323。

30 謝金鑾,《續修臺灣縣志》(臺中市:臺灣省文獻委員會,1962),頁 16。

31 盧德嘉,《鳳山縣采訪冊》(臺北市:臺灣銀行經濟研究室,1960),頁 121-122。

32 王瑛曾《重修鳳山縣志》(臺北市:臺灣銀行經濟研究室,1962),頁 41。

33 盧德嘉《鳳山縣采訪冊》(臺北市:臺灣銀行經濟研究室,1960),頁 116。

34 清嘉慶 19 年〈二層行溪義渡碑記〉,收於黃典權編《臺灣南部碑文集成》(臺北市:臺灣土地銀行經濟研究室,1966),頁 442。原碑已毀。

35 蔣師轍《臺游日記》(臺北市:臺灣土地銀行經濟研究室,1965),頁 98。

36 盧德嘉《鳳山縣采訪冊》(臺北市:臺灣銀行經濟研究室,1960),頁 40。

37 陳文達,《鳳山縣志》(臺北市:臺灣銀行經濟研究室,1961),頁 28。

38 高拱乾,《臺灣府志》(北京:中華書局,1985)卷之二〈規制〉,頁 499。

39 陳文達,《臺灣縣志》(臺中市:臺灣省文獻委員會,1958),頁 322。

40 蔣毓英,《臺灣府志》(北京:中華書局,1985),頁 136。

41 王必昌,《重修臺灣縣志》(臺北市:臺灣土地銀行經濟研究室,1961),卷三〈建置志〉,頁 100。

42 陳文達,《鳳山縣志》(臺北市:臺灣銀行經濟研究室,1961),頁 28。

43 《臺南新報》,1934 年 1 月 14 日,4 版。

44 必麒麟著,羅效德、吳明遠譯《老臺灣》(臺北:臺灣銀行經濟研究室,1958),頁 17。

45 費德廉、蘇約翰主編；羅效德、費德廉譯《李仙得臺灣紀行》，（臺南：臺灣歷史博物館，2013），頁 114。

46 戴文鋒、曾國棟，〈日軍和平進入臺南城一百周年記——和平使者巴克禮和宋忠堅〉，《臺灣文獻》73：3（2022 年 6 月），頁 100-138。

47 陳俊，《臺灣道路發展史》，（臺北：交通部運輸研究所，1987），頁 225。

48 臺灣總督府交通局道路港灣課，《臺灣の道路》（臺北：臺灣總督府交通局，1935），頁 11。

49 《臺灣日日新報》，1919 年 8 月 6 日，6 版；1921 年 3 月 27 日，4 版。

50 《臺灣日日新報》，1930 年 8 月 3 日、23 日；1933 年 3 月 27 日。

51 作者不詳，〈競走大會の副事業　百餘哩の縱貫道路は　何時間で走れるか　走破時間の懸賞豫想募集　一投票締切は來る十二日中一〉，《台灣日日新報》，（昭和 3）1928-05-09，2 版。作者不詳，〈縱貫道路自動車走破　豫想時間當選者決定　十日午前十時より本社にて抽籤の結果　正解七名におよぶ〉，《台灣日日新報》，（昭和 5）1930-08-11，7 版。

52 《臺灣日日新報》，1930 年 8 月 10 日，2 版。

53 《臺灣日日新報》，1930 年 8 月 10 日，2 版。

54 《自由時報》，2014 年 2 月 11 日，A11 版。

55 陳俊，《臺灣道路發展史》，（臺北：交通部運輸研究所，1987），頁 873。

56 《聯合報》，2000 年 8 月 30 日，地方新聞 17 版。

57 黃淑容，〈臺灣歷史道路研究 - 臺南府城道嘉義諸羅城之北路〉，國立臺南大學文化與自然資源學系臺灣文化碩士在職專班碩士論文，2018，頁 79。

58 〈四橋開通に際し州民各位に望む就任當時を顧みての所感〉，《臺南新報》，1935 年 5 月 15 日，5 版。

59 〈臺南州下の幹線道路と架橋工事に就て〉，《臺南新報》，1935 年 5 月 15 日，5 版。

60 臺灣道路統計，https://stat.motc.gov.tw/mocdb/stmain.jsp?sys=210&funid=b340101&type=1/2023.07.16。

61 交通部高速公路局，https://www.freeway.gov.tw/2023.07.16。

⁶² 交通部高速公路局，https://www.freeway.gov.tw/2023.07.16。

⁶³ 交通部高速公路局，https://www.freeway.gov.tw/Publish.aspx?cnid=1906 &p=4623/2023.07.16。

⁶⁴ 黃偉智《省道臺一線的故事》（臺北市：大雁文化出版，2011），頁 184。

⁶⁵ 中華民國交通部公路局，https://www.thb.gov.tw/News.aspx?n=455&sms=13741&page=6&PageSize=10/2023.09.20。

⁶⁶ 觀傳媒，https://www.watchmedia01.com/fnews-20230111182419.html/2023.10.25。

⁶⁷ 丁日昌擔任閩省巡撫時，為聯絡礦區與碼頭間，作為搬運礦務設備及礦產運輸的主要動力而設。

⁶⁸ 王珊珊，《近代臺灣縱貫鐵路與貨物運輸之研究 1887-1935》（新竹：新竹縣文化局，2004），頁 48。

⁶⁹ 劉銘傳，《劉壯肅公奏議》（臺北：臺灣銀行經濟研究室，1972），頁 271。

⁷⁰ 江慶林譯《臺灣鐵路史》（臺中：臺灣省文獻委員會，1990），頁 15。

⁷¹ 唐贊袞，《臺陽見聞錄》（臺北：臺灣銀行經濟研究室，1958），頁 20。

⁷² 江慶林譯，《臺灣鐵路史》（臺中：臺灣省文獻委員會，1990），頁 81。

⁷³ 江慶林譯，《臺灣鐵路史》（臺中市：臺灣省文獻委員會，1990），頁 81。

⁷⁴ 江慶林譯，《臺灣鐵路史》（臺中市：臺灣省文獻委員會，1990），頁 187。

⁷⁵ 張慶隆，〈臺灣縱貫鐵路經營之研究──以「滯貨事件」為中心（1895-1924 年）〉，國立政治大學歷史研究所碩士論文，1996，頁 71。

⁷⁶ 渡部慶之進，《臺灣鐵道讀本》（東京：春秋社，1939），頁 132-135。

⁷⁷ 吉川精馬，《臺灣的經濟年鑑》（臺北：實業之臺灣社，1925），頁 23。

⁷⁸ 古育民譯著，《新編臺灣鐵道史全文譯本中卷》（臺北：國家鐵道博物館籌備處，2021），頁 275-309。

⁷⁹ 市府新聞，https://www.tainan.gov.tw/news_content.aspx?n=13370 &s=7680380/2023.10.20。

⁸⁰ 臺灣總督府鐵道部，《臺灣鐵道史中冊》（臺北：臺灣總督府鐵道部，1911），頁 306。

81 臺灣總督府鐵道部，《臺灣鐵道史中冊》（臺北：臺灣總督府鐵道部，1911），頁306-307。

82 熊野城造，《本島會社の內容批判》（臺北：業界と內容批判社，1931），頁79。

83 〈高雄臺南間復線豫定七年度完成　難關為二層行溪橋〉，《臺灣日日新報》，1930/4/6，版3。

84 〈為檢送頒發臺灣省鐵公路沿線橋梁及隧道守護辦法由〉，《各省級機關檔案》，國史館臺灣文獻館，典藏號0044130008039013。

85 臺灣鐵路管理局，〈加強鐵路橋隧安全簡報〉，1988年9月。

86 2020年5月13日於中洲里黃克勒住宅訪談。

87 古育民譯著，《新編臺灣鐵道史全文譯本中卷》（臺北：國家鐵道博物館籌備處，2021），頁275-309。

88 國家文化資產網，https://nchdb.boch.gov.tw/assets/overview/historicalBuilding/20081110000002/2023.10.21。

89 古育民譯著，《新編臺灣鐵道史全文譯本中卷》（臺北：國家鐵道博物館籌備處，2021），頁275-305。

90 古育民譯著，《新編臺灣鐵道史全文譯本中卷》（臺北：國家鐵道博物館籌備處，2021），頁307-309。

91 鄭秀梅，《南瀛歷史建築誌》（臺南縣新營：臺南縣政府，2009），頁188-203。

92 周俊霖、許永河，《南瀛鐵道誌》（臺南縣新營：臺南縣政府，2007），頁29。

92 周俊霖、許永河，《南瀛鐵道誌》（臺南縣新營：臺南縣政府，2007），頁40-41。

93 臺灣驛站之旅，http://trstour.com/liou-ying.htm/2023.10.21。

94 國家文化資產網，https://nchdb.boch.gov.tw/assets/overview/historicalBuilding/20050318000003/2023.10.24。

95 周俊霖、許永河，《南瀛鐵道誌》（臺南縣新營：臺南縣政府，2007），頁56。

96 周俊霖、許永河，《南瀛鐵道誌》（臺南縣新營：臺南縣政府，2007），頁61。

97 周俊霖、許永河，《南瀛鐵道誌》（臺南縣新營：臺南縣政府，2007），頁71。

98 臺南縣政府新聞處，https://web.archive.org/web/20160304121953/http://ifo.

tainan.gov.tw/Publish_Detail.aspx?sID=1772&sMon=8&sYear=2008&sCla
ss=1/2023.10.25。

[99] 周俊霖、許永河,《南瀛鐵道誌》(臺南縣新營:臺南縣政府,2007),頁 75。

[100] 周俊霖、許永河,《南瀛鐵道誌》(臺南縣新營:臺南縣政府,2007),頁 80。

[101] 傅朝卿,《臺南市日據時期歷史性建築》(臺南:臺南市政府,1995),頁 194。

[102] 許綾容,〈臺鐵地下化南臺南車站及周邊綠地之都市設計研究〉,國立成功大學建
築學系碩士論文,2021,頁 18-20。

[103] 周俊霖、許永河,《南瀛鐵道誌》(臺南縣新營:臺南縣政府,2007),頁 93。

[104] 交通部鐵路管理局,https://web.archive.org/web/20210309165713/https://www.railway.gov.
tw/tra-tip-web/tip/2023.10.26。

[105] 交通部觀光署,https://www.taiwan.net.tw/m1.aspx?sNo=0027029/2023.10.26。

[106] 李方宸,〈臺灣糖業鐵路經營之研究(1946-1982)〉,國立政治大學歷史研究所碩
士論文,2001。

[108] 國家檔案局,世紀糖鐵 穿鄉越鎮的五分車,https://www.archives.gov.tw/ALohas/
ALohasColumn.aspx?c=1999/2023.10.27。

[109] 周俊霖、許永河,《南瀛鐵道誌》(臺南縣新營:臺南縣政府,2007),頁 366-
367。

[110] 交通部鐵道局,https://www.rb.gov.tw/showpage.php?lmenuid=3&smenuid=68&tm
enuid=93#gsc.tab=0/2023.10.26。

[111] 交通部鐵道局,https://www.rb.gov.tw/showpage.php?lmenuid=7&smenuid=29&tm
enuid=51#gsc.tab=0/2023.10.26。

[112] 張瑞津、石再添、陳翰霖,〈臺灣西南部嘉南海岸平原河道變遷之研究〉,《國立臺
灣師範大學地理研究報告》27 期,1997,頁 126。

[113] 蔣毓英,《臺灣府志》(北京:中華書局,1985),頁 33-34。

[114] 藍鼎元,《東征集》(臺北:臺灣土地銀行經濟研究室,1961),卷一〈鯤身西港連
戰大捷遂克府治露布〉,頁 8。

[115] 范咸,《重修臺灣府志》(臺北:臺灣土地銀行經濟研究室,1962),頁 10。

[116] 吳建昇，〈道光三年以前臺江內海及周圍地區歷史變遷之研究〉，國立成功大學歷史系博士論文，2010。

[117] 周元文，《臺灣府志》（臺北：臺灣銀行經濟研究室，1960），頁 6。

[118] 王瑛曾，《重修鳳山縣志》（臺北：臺灣土地銀行經濟研究室，1962），頁 50。

[119] 王必昌，《重修臺灣縣志》（臺北：臺灣土地銀行經濟研究室，1961），頁 28。

[120] 王必昌，《重修臺灣縣志》（臺北：臺灣土地銀行經濟研究室，1961），頁 36。

[121] 陳壽祺，《福建通志臺灣府》（臺北：臺灣土地銀行經濟研究室，1960），頁 60。

[122] 范咸，《重修臺灣府志》（臺北：臺灣土地銀行經濟研究室，1962），頁 10。

[123] 姚瑩，《東槎紀略》（臺北：臺灣土地銀行經濟研究室，1957），頁 31。

[124] 范勝雄，〈從大員港到臺南港〉，《府城叢談：府城文獻研究》（臺南市：日月出版社，1987），頁 137。

[125] 范勝雄，從大員港到臺南港，《府城叢談：府城文獻研究》，臺南市：日月出版社，1987 年，p129-142。

[126] 范勝雄等，《長河落日圓·臺南運河八十週年特展圖錄》（臺南：臺南市文化資產保護協會，2006），頁 8 之 01。

[127] 高拱乾，《臺灣府志》（北京：中華書局，1985），頁 501。

[128] 劉良璧，《重修福建臺灣府志》（臺北：臺灣土地銀行經濟研究室，1961），頁 89。

[129] 謝金鑾，《續修臺灣縣志》（臺北：臺灣土地銀行經濟研究室，1962），頁 15。

[130] 連橫，《雅堂文集》（臺北：臺灣土地銀行經濟研究室，1964），頁 199。

[131] 陳文達，《臺灣縣志》（臺北：臺灣土地銀行經濟研究室，1958），頁 639-640。

[132] 陳文達，《臺灣縣志》（臺北：臺灣土地銀行經濟研究室，1958），頁 322。

[133] 不著撰者，《臺灣府輿圖纂要》（臺北：臺灣土地銀行經濟研究室，1963），頁 107。

[134] 蔣元樞，《重修臺灣各建築圖說》（臺北：臺灣土地銀行經濟研究室，1961），頁 37。

[135] 高拱乾，《臺灣府志》（北京：中華書局，1985），頁 956。

136 林勇，《臺灣城懷古續集》（臺南：臺南市政府，1990），頁 116。

137 林勇，《臺灣城懷古續集》，頁 99。

138 高拱乾，《臺灣府志》（北京：中華書局，1985），頁 1173。

139 周元文，《重修臺灣府志》（臺北：臺灣土地銀行經濟研究室，1960），頁 284。

140 陳文達，《鳳山縣志》（臺北：臺灣土地銀行經濟研究室，1961），頁 5。

141 范咸，《重修臺灣府志》（北京：中華書局，1985），頁 1400。

142 王必昌，《重修臺灣縣志》（臺北：臺灣土地銀行經濟研究室，1961），頁 27。所列
臺灣縣八景為鹿耳連帆、鯤身集網、赤嵌夕照、金雞曉霞（清代文獻稱位於澎湖金
雞澳〔今稱金雞嶼〕，即「西嶼落霞」之景）、鯽潭霽月（清初鯽潭面積範圍甚大、
涵蓋今永康區、仁德區）、雁門烟雨（內門區）、香洋春耨（關廟境內香洋里）、旗
尾秋蒐（旗山境內旗尾山）。

143 余文儀，《續修臺灣府志》（臺北：臺灣土地銀行經濟研究室，1961），頁 45。

144 謝金鑾，《續修臺灣縣志》（臺北：臺灣土地銀行經濟研究室，1962），頁 26。

145 范咸，《重修臺灣府志》（北京：中華書局，1985），頁 1426。

146 連橫，《臺灣通史》（臺北：中華叢書委員會，1955），頁 549。

147 蔣元樞，《重修臺灣各建築圖說》（臺北市：臺灣土地銀行經濟研究室，1961），頁
59。

148 不著撰者，《臺灣府輿圖纂要》（臺北：臺灣土地銀行經濟研究室，1963），頁
104。

149 范勝雄等，《長河落日圓•臺南運河八十週年特展圖錄》，頁 8 之 01。

150 高拱乾，《臺灣府志》（北京：中華書局，1985），卷十〈藝文〉，頁 409。

151 江樹生譯，《熱蘭遮城日記 2》（臺南：臺南市政府，2002），頁 61-62。

152 高拱乾，《臺灣府志》（北京：中華書局，1985），卷十〈藝文〉，頁 409。

153 不著撰者，《安平縣雜記》（臺北：臺灣土地銀行經濟研究室，1959），頁 37。

154 謝金鑾，《續修臺灣縣志》（臺北：臺灣土地銀行經濟研究室，1962），卷四〈軍志〉，
頁 248、252。

155 黃淑璥，《臺海使槎錄》（臺北：臺灣土地銀行經濟研究室，1959），頁 6。

¹⁵⁶ 郁永河，《神海紀遊》（臺北：臺灣土地銀行經濟研究室，1959），頁 8。

¹⁵⁷ 郁永河，《神海紀遊》（臺北：臺灣土地銀行經濟研究室，1959），頁 14。

¹⁵⁸ 郁永河，《神海紀遊》（臺北：臺灣土地銀行經濟研究室，1959），頁 14。

¹⁵⁹ 朱景英，《海東雜記》（臺北：臺灣土地銀行經濟研究室，1960），頁 12-13。

¹⁶⁰ 姚瑩，《東槎紀略》，（臺北：臺灣土地銀行經濟研究室，1977），頁 31。

¹⁶¹ 姚瑩，《東溟文後集》，卷四，頁 78。

¹⁶² 不著撰者，《籌辦夷務始末選輯》，（臺北：臺灣土地銀行經濟研究室，1964），頁 66。

¹⁶³ 盧嘉興，《鹿耳門地理演變考》（臺北：中華學術獎助委員會，1965），頁 109。

¹⁶⁴ 黃文博、吳建昇、陳桂蘭合著，《鹿耳門志》（臺南：鹿耳門基金會，2011），頁 22。

¹⁶⁵ 黃文博、吳建昇、陳桂蘭合著，《鹿耳門志》（臺南：鹿耳門基金會，2011），頁 23。

¹⁶⁷ 臺灣港務股份有限公司，https://kh.twport.com.tw/chinese/cp.aspx/2023.10.28。

¹⁶⁸ 范勝雄，《府城叢談：府城文獻研究 1》（臺南：日月出版社，1997），頁 56-58。

¹⁶⁹ 范勝雄等，《長河落日圓‧臺南運河八十週年特展圖錄》（臺南：臺南市文化資產保護協會，2006），頁 1 之 05。

¹⁷⁰ 臺灣總督府交通局港灣課，《臺灣港灣の概況》（東京：臺灣總督府，1937），頁 51。

¹⁷¹ 〈臺南州知事視察〉，《臺灣日日新報》，1921 年 12 月 6 日，5 版。

¹⁷¹ 〈臺南運河興工〉，《臺灣日日新報》，1922 年 4 月 16 日，6 版。

¹⁷² 〈參列者一千名の臺南運河開通式〉，《臺灣日日新報》，1926 年 4 月 24 日，5 版。

¹⁷³ 《臺南新報》，1926 年 4 月 26 日，7 版。

¹⁷⁴ 范勝雄等，《長河落日圓‧臺南運河八十週年特展圖錄》（臺南：臺南市文化資產保護協會，2006），頁 1 之 10。

¹⁷⁵ 臺灣總督府交通局港灣課，《臺灣港灣の概況》（東京：臺灣總督府，1937），頁 52-53。

[176] 臺灣總督府交通局港灣課，《臺灣港灣の概況》（東京：臺灣總督府，1937），頁 54。

[177] 周鍾瑄《諸羅縣志》，嘉義市：嘉義縣政府，1983 年，p16。

[178] 孫元衡《赤嵌集》，臺北市：臺灣銀行經濟研究室，1958 年，p19。

[179] 周鍾瑄《諸羅縣志》，嘉義市：嘉義縣政府，1983 年，p32。

[180] 陳清誥 鐵線橋紀略 《南瀛文獻》九卷，新營：臺南縣文獻會，1964，p58。

[181] 杜臻，〈明鄭時代之南臺地圖〉，《臺南縣志》（臺南縣新營，臺南縣政府，1980），頁 16。

[182] 高拱乾，《臺灣府志》（北京：中華書局，1984），頁 479。

[183] 余文儀，《續修臺灣府志》（北京：中華書局，1962），頁 73。

[184] 楊森富，《臺南縣平埔地名誌》（臺南縣新營，臺南縣政府，2003），頁 191。

[185] 黃文博，《南瀛地名誌》（臺南縣新營，臺南縣文化中心，1998），頁 149。

[185] 蔡清海，〈鹽水沿革〉《南瀛文獻》第 25 卷（臺南縣新營鎮，臺南縣政府，1980），頁 204-207。

[186] 周鍾瑄《諸羅縣志》（嘉義市：嘉義縣政府，1983），頁 15。

[187] 周鍾瑄《諸羅縣志》（嘉義市：嘉義縣政府，1983），頁 32。

[188] 范咸，《重修臺灣府志》（北京：中華書局，1984），頁 1450。

[189] 蔡清海， 鹽水沿革 ，《南瀛文獻》第 25 卷（1980 年 6 月），頁 204-207。

[190] 碑文收錄於何培夫編，《臺灣地區現存碑碣圖誌臺南縣篇》（臺北：國立中央圖書館臺灣分館，1994），頁 37。

[191] 周鍾瑄，《諸羅縣志》（臺北：臺灣銀行經濟研究室，1962），頁 16。

[192] 〈臺南飛行場建設費きのふ州會で決定〉,《臺灣日日新報》,1936 年 12 月 24 日,9 版。

[193] 〈臺南飛行場設置の期成同盟會を結成〉,《臺灣日日新報》,1936 年 8 月 14 日,9 版。

[194] 〈臺南飛行場舉地鎮祭〉,《臺灣日日新報》,1937 年 2 月 1 日,8 版。

[195] 臺南航空站，https://www.tna.gov.tw/StaticPage/AboutUs01/2023.10.30。

[196] 臺南主管法規查詢系統，https://law01.tainan.gov.tw/glrsnewsout/NewsContent. aspx?id=55/23023.12.24．

[197] 高拱乾（1985）。《重修臺灣府志》，頁 508。中華書局。

[198] 陳文達（1958）。《臺灣縣志》，頁 325。臺灣省文獻委員會。

[199] 王必昌（1961）。《重修臺灣縣志》，頁 29。臺灣銀行經濟研究室。

[200] 謝金鑾（1962）。《續修臺灣縣志》，頁 9。臺灣銀行經濟研究室。

[201] 陳國瑛等（1961）。《臺灣采訪冊》，頁 9。臺灣銀行經濟研究室。

[202] 丁曰健（1958）。《治臺必告錄》，頁 585。臺灣銀行經濟研究室。

[203] 范勝雄（1998）。 臺南市日據時期古蹟概述 《臺南文化》新 46 期，頁 86。臺南市政府文化局。

[204] 〈臺南演武場と大弓場　移轉を全部終了〉，《臺南新報》，1936 年 10 月 22 日，7 版。

[205] 黃典權（1955）。臺南市歷史館專刊《臺南文化》第四卷第 4 期。臺南市文獻委員會。

[206] 蔣元樞，《重修臺灣各建築圖説》（臺北：臺灣銀行經濟研究室，1970），頁 49。

[207] 周鍾瑄，《諸羅縣志》（臺北：臺灣銀行經濟研究室，1962），頁 146。

[208] 轉引自游永福，《尋找湯姆生：1871 台灣文化遺產大發現》（臺北：遠足，2019），頁 74。

[209] 謝國興，《續修澎湖縣志卷六交通志》（澎湖縣馬公：澎湖縣政府，2005），頁 53-55。

參考文獻

志書文獻

- 1673 年（康熙 12 年）
  查繼左《罪惟錄選輯》，臺北市：臺銀，1962。
- 1687 年（康熙 26 年）
  蔣毓英《臺灣府志》，北京：中華書局，1985。
- 1696 年（康熙 35 年）
  高拱乾《臺灣府志》，北京：中華書局，1985。
- 1700 年（康熙 39 年）
  郁永河《裨海紀遊》，臺北市：臺銀，1959。
- 1717 年（康熙 56 年）
  周鍾瑄《諸羅縣志》，臺北市：臺銀，1962。
- 1718 年（康熙 57 年）
  周元文《重修臺灣府志》，臺北市：臺銀，1960。
- 1719 年（康熙 58 年）
  陳文達《鳳山縣志》，臺北市：臺銀，1961。
- 1720 年（康熙 59 年）
  陳文達《臺灣縣志》，臺中市：臺灣省文獻委員會，1958。
- 1722 年（康熙 61 年）
  黃淑璥《臺海使槎錄》，臺北市：臺銀，1959。
- 1732 年（雍正 10 年）
  藍鼎元《東征集》，臺北市：臺銀，1961。
- 1738 年（乾隆 3 年）
  尹士俍《臺灣記略》，香港：香港人民出版社，2005。
- 1740 年（乾隆 5 年）
  劉良璧《重修福建臺灣府志》，臺北市：臺銀，1961。
- 1747 年（乾隆 12 年）
  范咸《重修臺灣府志》北京：中華書局，1985。
  六十七《使署閒情》，臺北市：臺銀，1957。
- 1752 年（乾隆 17 年）
  王必昌《重修臺灣縣志》，臺北市：臺銀，1961。

- 1753 年（乾隆 18 年）
  董天工《臺海見聞錄》，臺北市：臺銀，1961。
- 1760 年（乾隆 25 年）
  余文儀《續修臺灣府志》，臺北市：臺銀，1962。
- 1764 年（乾隆 29 年）
  王瑛曾《重修鳳山縣志》，臺北市：臺銀，1962。
  余文儀《續修臺灣府志》，臺北市：臺銀，1961。
- 1765 年（乾隆 30 年）
  朱士玠《小琉球漫志》，臺北市：臺銀，1960。
- 1773 年（乾隆 38 年）
  朱景英《海東雜記》，臺北市：臺銀，1960。
- 1775-1778
  蔣元樞《重修臺灣各建築圖説》，臺北市：臺銀，1961。
- 1816 年（嘉慶 21 年）
  章甫《半崧集簡編》，臺北市：臺銀，1962。
- 1820-1850 年（道光年間）
  吳子光《臺灣紀事》，臺北市：臺銀，1959。
- 1821 年（道光元年）
  謝金鑾《續修臺灣縣志》，臺北市：臺銀，1962。
- 1829 年（道光 9 年）
  姚瑩《東槎紀略》，臺北市：臺銀，1960。
- 1871 年（同治 10 年）重刊
  陳壽祺《福建通志臺灣府》（原名《重纂福建通志》），臺北市：臺銀，1960。
- 1892 年（光緒 18 年）
  蔣師轍《臺游日記》，臺北市：臺銀，1957。
- 1893 年（光緒 19 年）
  林豪《澎湖廳志》，臺北市：臺銀，1963。
- 1910 年（明治 44 年）
  連橫《雅堂文集》，臺北市：臺銀，1964。

- 1920 年（大正 9 年）

  連橫《臺灣通史》，臺北市：臺銀，1962。
- 1921 年（大正 10 年）

  連橫《臺灣詩乘》，臺北市：臺銀，1962。
- 1933 年（昭和 8 年）

  連橫《雅言》，臺南市：海東山房，1958。

專書

- 1911 年

  臺灣總督府鐵道部，《臺灣鐵道史中冊》，臺北市：臺灣總督府鐵道部。
- 1925 年

  吉川精馬《臺灣的經濟年鑑》，臺北市：實業之臺灣社。
- 1931 年

  熊野城造《本島會社の內容批判》，臺北市：業界と內容批判社。
- 1937 年

  臺灣總督府交通局港灣課《臺灣港灣の概況》，東京：臺灣總督府。
- 1939 年

  渡部慶之進《臺灣鐵道讀本》，東京市：春秋社。
- 1961 年

  鹿耳門志編輯委員會《鹿耳門志第一輯》，臺南市：正統鹿耳門聖母廟。
- 1965 年

  盧嘉興《鹿耳門地理演變考》，臺北市：中華學術獎助委員會。
- 1966 年

  黃典權《臺灣南部碑文集成》，臺北市：臺銀。
- 1979 年

  洪敏麟《臺南市市區史蹟調查報告書》，臺灣省文獻委員會。

  李子欽《臺南市志·卷五教育志》，臺南市政府。
- 1987 年

  范勝雄《府城叢談：府城文獻研究》，臺南市：日月出版社。
- 1988 年

  何培夫《億載金城史蹟研究》，臺南市：王家出版社。

- 1990 年

  林勇《臺灣城懷古續集》，臺南市：臺南市政府。
- 1992 年

  何培夫《臺灣地區現存碑碣圖誌‧臺南市篇》，臺北市：國立中央圖書館臺灣分館。
- 1995 年

  傅朝卿《臺南市日據時期歷史性建築》，臺南市：臺南市政府。
- 1998 年

  黃文博《南瀛地名誌》，臺南縣新營，臺南縣文化中心。
- 1999 年

  許淑娟等《臺灣地名辭書‧卷廿一‧臺南市》，南投市：臺灣省文獻委員會。

  林德政《安南區志》，臺南市：安南區公所。
- 2001 年

  林偉洲、張子文、郭啟傳《臺灣歷史人物小傳：明清時期》，臺北市：國家圖書館。
- 2002 年

  江樹生譯《熱蘭遮城日記 2》，臺南市：臺南市政府。
- 2003 年

  楊森富《臺南縣平埔地名誌》，臺南縣新營：臺南縣政府。
- 2004 年

  石萬壽《樂君甲子集》，臺南市政府文化局。
- 2005 年

  謝國興《續修澎湖縣志卷六交通志》，澎湖縣馬公：澎湖縣政府。
- 2006 年

  范勝雄等《長河落日園‧臺南運河八十週年特展圖錄》，臺南市：臺南市文化資產保護協會。
- 2007 年

  周俊霖、許永河《南瀛鐵道誌》，臺南縣新營：臺南縣政府。
- 2009 年

  鄭秀梅《南瀛歷史建築誌》，臺南縣新營：臺南縣政府。
- 2011 年

  黃文博、吳建昇、陳桂蘭合著《鹿耳門志》，臺南市：鹿耳門基金會。

- 2012 年

  蘇清良《沙鯤煙月——白沙崙與萬福宮的往事追憶》，高雄市：白沙崙萬福宮。
- 2013 年

  鄭道聰《大臺南的西城故事》，臺南市政府文化局。

  許清保《大臺南的港口》，臺南市：臺南市政府文化局。
- 2016 年

  戴文鋒《戴文鋒臺灣史研究名家論集》，臺北市：蘭臺出版社。
- 2017 年

  楊君潛《柳園攀桂集》，臺北市：萬卷樓。
- 2019 年

  游永福《尋找湯姆生：1871 台灣文化遺產大發現》，臺北市：遠足。
- 2021 年

  古育民譯著《新編臺灣鐵道史全文譯本中卷》，臺北市：國家鐵道博物館籌備處。

期刊論文與學位論文

- 1951 年

  〈臺灣郡治八景圖之一〉，《臺南文化》1 期。
- 1962 年

  許丙丁〈鹿耳門藝文集〉，《臺南文化》7 卷 3 期。
- 1978 年

  范勝雄〈從「鹿耳春潮」到「鹿耳沉沙」〉，《臺南文化》新 5 期。
- 1986 年

  范勝雄〈清宦府城勝景聖跡詠〉，《臺南文化》新 21 期。
- 1997 年

  張瑞津、石再添、陳翰霖〈臺灣西南部嘉南海岸平原河道變遷之研究〉，《國立臺灣師範大學地理研究報告》27 期。
- 2000 年

  劉麗卿〈清代臺灣八景與八景詩〉，中興大學中國文學系碩士論文。

  宋南萱〈臺灣八景從清代到日據時期的轉變〉，中央大學藝術學研究所碩士論文。
- 2001 年

  劉麗卿〈清代臺灣八景的命名與景觀類別〉，《中國文化月刊》261 期。

- 2003 年

  蕭瓊瑞〈臺灣八景〉,《藝術家》57 卷 3 期。

- 2004 年

  蕭瓊瑞〈從「臺灣八景」到「澎湖八景」〉,《西瀛風物》9 期。

- 2005 年

  王博男〈臺灣南部「八景」的詮釋──歷史性地理景觀〉,高雄師範大學地理學系碩士論文。

- 2006 年

  吳毓琪、施懿琳〈康熙年間「臺灣八景詩」首創之作的空間感探討〉,《國文學報》5 期。

- 2007 年

  曾玉惠、陳曉怡〈清代臺灣鯽魚潭及其相關詩歌探析〉,《崑山科技大學學報》4 期。

- 2009 年

  陳愫汎〈清代詩中「西嶼落霞」的書寫〉,《臺灣文獻》60 卷 1 期。

  薛伊婷〈四鯤鯓聚落的發展與變遷〉,臺南大學臺灣文化研究所論文。

- 2010 年

  張家綸〈評介蕭瓊瑞著《懷鄉與認同:臺灣方志八景圖研究》〉,《歷史教育》16 期。

- 2012 年

  蔡承叡〈清代臺灣八景的演變〉,《北市大社教學報》11 期。

- 2016 年

  徐慧鈺〈臺灣地景的第一道虹彩──高拱乾《臺灣府志‧藝文志》所載〈臺灣八景詩〉之詩意探討〉,《長庚人文社會學報》第 9 卷第 2 期。

其他

《臺灣日日新報》,1927 年 8 月 27 日,5 版。

《臺灣日日新報》,1914 年 8 月 27 日,漢文 3 版。

《臺灣日日新報》,1937 年 2 月 1 日,8 版。

《臺南新報》,1926 年 4 月 26 日,7 版。

大臺南文化叢書第十三輯

臺南道路交通誌

作　　者	曾國棟	
總　　監	謝仕淵	
召 集 人	黃文博	
審　　稿	張靜宜、陳家豪（依姓氏筆畫順序）	
督　　導	林韋旭、黃宏文、方敏華	
行政編輯	陳雍杰、李中慧、方冠茹	

執行編輯　龐君豪
封面設計　楊國長
美術排版　楊國長

出　　版　臺南市政府文化局
地　　址　永華市政中心：708 臺南市安平區永華路 2 段 6 號 13 樓
　　　　　民治市政中心：730 臺南市新營區中正路 23 號
電　　話　06-6324453
網　　址　http://culture.tainan.gov.tw

出　　版　暖暖書屋文化事業股份有限公司
地　　址　臺北市大安區青田街 5 巷 13 號 1 樓
電　　話　02-23916380
傳　　真　02-2391-1186
總 經 銷　聯合發行股份有限公司
印　　製　博創印藝文化事業有限公司

出版日期　2024 年 12 月初版
定　　價　新臺幣 480 元
ISBN　　978-626-7485-59-0
GPN　　1011301448
分類號　C099
局總號　2024-779

國家圖書館出版品預行編目 (CIP) 資料

臺南道路交通誌 / 曾國棟著 . -- 初版 . -- 臺南市 : 臺南市政
　府文化局 ; 臺北市 : 暖暖書屋文化事業股份有限公司 ,
　2024.12
　面 ;　公分 . -- (大臺南文化叢書 ; 第 13 輯)
　ISBN 978-626-7485-59-0(平裝)

1.CST: 交通史　2.CST: 道路　3.CST: 臺南市

557.1933　　　　　　　　　　　　　　　113016109